¡ELLA ESTÁ EMBARAZADA! ¿Y AHORA QUÉ? GUÍA DE EMBARAZO PARA PADRES PRIMERIZOS

PASA DE CERO A HÉROE Y SÉ EL "SÚPER PADRE" CON EL QUE ELLA PUEDA CONTAR. DE LA DIVERSIÓN SUCIA A LOS PAÑALES SUCIOS

JOEY NELSON

DADDYHOOD
publishing

ÍNDICE

PARTE DOS
LA CRIANZA DE LOS HIJOS

PRÓLOGO

Hola amigo. ¿Te estás preparando para ser padre? ¡Enhorabuena! Estás a punto de embarcarte en un viaje increíble lleno de diversión, emoción, nuevos retos y muchas cosas geniales.

Pero no estás aquí sólo por la diversión, sino que tienes una vocación superior. Estoy aquí para decirte que ser el mejor padre posible es fundamental para que tu hijo se convierta en alguien al crecer.

Tu trabajo no consiste sólo en ayudarles a alimentarse y arroparles por la noche; aunque eso también es muy importante, también aportas un elemento único e insustituible a la visión del mundo de tu hijo: eres su primer modelo masculino.

Eres una de las personas más importantes en la vida de tu hijo durante esta época. Estarás ahí para enseñarles habilidades valiosas, como pescar o montar en bicicleta. Pero, por encima de todo, tienen que mirarte como un ejemplo de lo que significa ser un hombre: honesto, justo y valiente. Suena muy bien, ¿verdad?

Bueno, en teoría, sí. Pero en la realidad, estos sueños de ser el "superpapá" que tu hijo admira, a veces pueden quedar en segundo plano. ¿Por qué?

Porque estás agotado
Porque tienes miedo de no saber qué hacer.
Porque te aterra hacer algo mal.

Pero no te preocupes, ¡todo el mundo pasa por lo mismo!

Lo creas o no, muchos padres están justo donde tú estás ahora.

Ahí es donde estaba yo cuando mi mujer me soltó esas dos palabras que me cambiaron la vida hace tantos años:

"Estoy embarazada".

Por suerte, conocía a un veterano de la paternidad en el que pude apoyarme. De hecho, a lo largo de los años, he visto a muchos padres novatos acudir a él en busca de consejos, diciéndole cosas como "estoy perdido" o "no sé lo que estoy haciendo", y él siempre hacía un gran trabajo apuntando en la dirección correcta y disipando sus miedos. Eso es lo que hizo por mí, y es lo que puede hacer por ti también ahora.

Después de muchos años de estímulo, Joey Nelson finalmente decidió poner en palabras sus años de sabiduría y experiencia.

Por eso este libro está aquí: para mostrarte precisamente lo que necesitas saber para que, cuando llegue el momento de tener tus propios hijos, estés preparado y no tengas que hacerte preguntas como:

- *"¿Cómo cambio un pañal?"*
- *"¿Por qué demonios todo el mundo habla en semanas? ¡No quiero hacer cuentas mentales para saber cuántos años tiene mi bebé!"*
- *"¿Dónde encajo yo una vez que nazca el bebé?"*
- *"¿Qué consejo puedes darme para ser un buen padre?"*

No importa la experiencia que tengas con los niños: todos los que han tenido uno te dirán que al principio no saben lo que hacen. Lo mejor es ir día a día y aprender sobre la marcha. Desde la diversión sucia hasta los pañales sucios: aquí encontrarás todo lo que necesitas.

Los consejos de Joey han cambiado mi vida, y pueden cambiar la tuya - ¡así que ponte manos a la obra!

Tyler Weber

(Padre de 3 hermosas niñas y sufrido amigo de Joey Nelson)

INTRODUCCIÓN

De repente todo había cambiado.

"Estoy embarazada..."

"¿Estás segura?"

"...sí - 2 líneas. Eso significa positivo, ¿verdad?"

Siempre habías oído que ser padre era el trabajo más grande e importante del mundo, pero ahora es real. Estás a punto de convertirte en el padre de alguien, ¿verdad? Enhorabuena. No todo el mundo puede decir que está a punto de convertirse en el padre de un ser humano de verdad. Es un momento muy emocionante para ambos, pero pronto llega la realidad...

El embarazo traerá consigo nuevos factores de estrés para ambos. Habrá citas con el médico, náuseas, cambios en el cuerpo... por no hablar de algo llamado "equilibrio entre la vida y el trabajo" del que la gente habla (pero que nadie ha experimentado). Y no me hagas hablar de lo que ocurre después de que nazca tu pequeño retoño de alegría: ¡ahí es cuando empieza la diversión *de verdad*!

Entonces: ¿Cómo te afectarán estos cambios? ¿Qué debes hacer ahora? ¿Quién se ocupará de ti y de tus necesidades como futuro padre? ¿Te sentirás como un extraño o podrás participar en el proceso?

En este libro, trataremos todas esas preguntas y más. Hablaremos de cómo tener la mejor experiencia posible como padre primerizo con el embarazo de tu pareja, desde lo que te espera en las primeras semanas de embarazo hasta el parto y más allá.

Va a ser un viaje alocado con muchos altibajos, pero estoy seguro de que juntos podremos superarlo.

QUÉ INCLUYE ESTE LIBRO:

- Orientación proactiva sobre el manejo de las emociones durante el embarazo
- Cómo ayudar a la madre con las cosas (correctas) durante el embarazo
- Consejos proactivos sobre cómo ser un gran padre para tu hijo
- Tratamientos que pueden ayudar con los síntomas del embarazo
- Qué ocurre después del nacimiento del bebé
- Temas emocionales a los que pueden enfrentarse tanto hombres como mujeres durante el embarazo
- Cómo estar más preparado y entusiasmado para el trabajo de parto y el parto
- Cómo entender lo que sientes como padre primerizo

CÓMO TE BENEFICIARÁ ESTE LIBRO:

- Ganarás confianza en el cuidado de ti mismo y de tu familia durante el embarazo
- Ganarás confianza en el cuidado de tu bebé y en tu nuevo papel como padre
- Aprenderás por lo que pasa la madre y cuál es la mejor manera de apoyarla
- Estarás más preparado al aprender sobre lo desconocido
- Disfrutarás de la paternidad sin miedo a lo desconocido
- Te ayudará a prepararte con tiempo para todo, para que la falta de preparación no te abrume
- Estarás preparado para después del nacimiento del bebé y todo lo que ello conlleva *(pista: ¡es mucho!)*

Así que, sin más preámbulos, ¡comencemos!

Te deseo lo mejor,

Joey Nelson

*Posibles efectos en el niño al leer el libro [para utilizarlo como aprendizaje]: Este libro podría tener un efecto positivo en la implicación del padre en el embarazo de su pareja, en la confianza del futuro padre en su papel y en el tiempo de separación tras el parto. Este libro podría tener un efecto negativo en los hábitos de reincorporación a la vida laboral, en los cambios de estilo de vida al ser padre de dos o más hijos y en la imaginación del niño, dependiendo de lo que lea.

PARTE UNO
EMBARAZO

DE LA DIVERSIÓN SUCIA A LOS PAÑALES SUCIOS

CAPÍTULO 1
ELLA ESTÁ EMBARAZADA... ¿Y AHORA QUÉ?

EL MOMENTO EN QUE EL PAPÁ SE DA CUENTA DE QUE SU VIDA CAMBIARÁ PARA MEJOR

¡Bienvenidos, futuros papás!

Entonces tu pareja está embarazada: ¡felicidades! Este puede ser un momento emocionante pero desalentador mientras te preparas para todos los cambios que se avecinan. Pero no te preocupes, estamos aquí para ayudarte. Esta guía te explicará lo que puedes esperar durante el embarazo y cómo puedes apoyar a tu pareja emocional y prácticamente durante todo el proceso.

Así que empecemos. El embarazo puede ser un proceso largo, por lo que es importante estar preparado para todo lo que está por venir. En primer lugar, tómate un tiempo para conocer los aspectos básicos del embarazo: lo que ocurre con el cuerpo de tu pareja y lo que puedes hacer para que todo resulte lo mejor posible.

En primer lugar, querrás conocer los síntomas de embarazo más comunes (y no tan comunes) a los que debes prestar atención:

Normal

- Náuseas
- Mareos

- Ausencia del período (obviamente)
- Hemorragia de implantación (¡Asusta, pero no hay que preocuparse!)
- Aumento del ritmo cardíaco
- Cambios en las mamas (sensibilidad, dolor, etc.)
- Sensibilidad al olor
- Presión arterial alta
- Acidez estomacal
- Aumento de peso

No tan normal (pero nada por lo que preocuparse):

- Hemorragias nasales
- Acné
- Sabor extraño en la boca
- Secreción
- Sentido del olfato agudizado
- Fatiga
- Dificultad para respirar
- Congestión
- Estreñimiento

Los que hay que vigilar más de cerca:

- Depresión (el embarazo puede influir negativamente en la salud mental).
- Imagen negativa de sí misma (los cuerpos tienden a cambiar mucho cuando llevas otra vida humana dentro de ti, así que eso podría afectar a cómo se siente tu pareja sobre sí misma)
- Frustración debido a varios efectos de estar embarazada. Por ejemplo, capacidad limitada para moverse, comer o beber (Si esto ocurre, es mejor si puedes ser más útil ayudando - Idealmente, sin que te lo pidan).

- Náuseas constantes o náuseas matutinas (NO fuerces a tu pareja a cambiar su forma de comer, sino concéntrate en alentarla y apoyarla sugiriéndole sorbos de agua, pequeños bocados para comer, etc.)
- Muchos estados de salud existentes (o nuevos) (como presión sanguínea alta/baja, movimientos intestinales inusuales y cualquier otra cosa que pueda hacer saltar las alarmas o ser motivo de preocupación)

LA COMUNICACIÓN ES CLAVE

Lo hemos oído un millón de veces, pero es cierto: la comunicación es la clave de las relaciones sólidas. Y en ningún lugar es más importante que cuando tu pareja está embarazada.

Tú y tu pareja tienen que ser capaces de hablar de cómo se sienten, tanto física como emocionalmente. Hablar con alguien que sea consciente de los cambios que ella está experimentando puede suponer una gran diferencia a la hora de sentirse apoyada y cómoda.

Una buena forma de adquirir el hábito de comunicarse más a menudo es establecer noches de cita semanales o mensuales, en las que se reserven un tiempo para el otro, sin importar lo que esté ocurriendo en sus vidas.

¿De qué cosas deberían hablar?

De todo, por supuesto, pero aquí tienes unos cuantos temas de conversación habituales para empezar:

- Pregúntale si prefiere que acudas a las citas médicas con ella - *¡No te sientas ofendido si te dice que no!*
- Si no asistes a las citas, pregunta si está bien que tomes notas y escuches atentamente - *Cuanto más informado estés sobre su estado, mejor podrás ayudarla durante el embarazo..*

- Pregunta cuál es tu papel durante este proceso - *Tu bebé necesitará que uno de los padres esté en casa mientras el otro trabaja, lo que significa que esos roles pueden cambiar. (Pero trata de no asumir las cosas de forma automática: habla primero con tu pareja para ver cómo se siente ante este tipo de cambios).*

- Si hay antecedentes de depresión en alguno de los dos miembros de la familia, discute si puede haber riesgo de que se produzca un episodio durante el embarazo. - *Cuando una mujer está embarazada, muchas de sus hormonas están desbordadas. Esto puede hacer que la ya complicada tarea de tratar la depresión sea aún más difícil.*

- Pregúntale si tiene algún temor o preocupación sobre el trabajo de parto y el parto - *Habla de lo que puedes esperar durante el trabajo de parto y el alumbramiento, así como de cómo puedes apoyar a tu pareja también en ese momento.*

- Ofrece ayuda cuando la necesite. Esto significa cualquier cosa, desde la limpieza hasta la reserva de citas o la preparación de la cena - *Lo que sea que se te dé bien. Intenta no presionarte para hacerlo todo a la perfección, simplemente haz lo que sepas que tu pareja necesita ¡y no te estreses demasiado por hacer todas las cosas a la perfección!*

- Si algo le pasa a la mamá, es probable que te preocupes por ella y quieras ayudar. Así que pregunta qué puedes hacer para participar — *¡y luego hazlo!*

- Si la mamá se siente abrumada o ansiosa, hazle saber que no tiene que ocultar esos sentimientos – *Tú estás ahí para apoyarla, así que asegúrate de que lo sepa. Las emociones abrumadoras pueden resultar frustrantes o embarazosas a veces, pero no tienen por qué convertirse en una carga secreta compartida sólo entre los dos.*

- Es importante encontrar un equilibrio entre el apoyo emocional y el no meterse en los asuntos de la mamá - *Si tu pareja quiere tu opinión sobre algo que parece más propio de un médico o especialista, respétalo - No te tomes como un ataque personal si no se acepta tu consejo o si no te pide tu opinión.*

- En última instancia, tu trabajo es estar ahí para ella. Un acto de amor, como ayudar en la casa, no es necesariamente algo que ella quiera en este momento — aunque le facilite las cosas - *Así que ofrécele ayuda donde la necesite si es lo que prefiere - ¡Recuerda que este es tu embarazo también!*
- Ten siempre presente que, aunque ambos experimentarán cambios durante el embarazo, sólo la mamá tiene que lidiar con los síntomas físicos del mismo (como malestar estomacal, insomnio / fatiga y pechos sensibles) - *Si las cosas se ponen difíciles emocional o mentalmente por tu parte a veces, no te sientas culpable por tomarte tiempo para ti o por hacer de la salud mental una prioridad, porque es importante. ¡Ella te apreciará aún más por ello!*

Algunas cosas en las que puede necesitar tu ayuda son:

- Ayudar a mantener su espíritu
- Ayudar en las tareas domésticas
- Ofrecer apoyo emocional (estar ahí si tiene malas noticias sobre los resultados del embarazo, etc., y ofrecerle ánimos)
- Ayudar a asegurarse de que come bien (por ejemplo, el desayuno en la cama o los tentempiés preparados cuando trabaje hasta altas horas de la noche), especialmente porque las náuseas pueden hacer que la comida no sea apetecible.
- Mantener la salud y el bienestar por encima de las tendencias de superación relacionadas con el bebé: no te preocupes por hacerlo todo perfectamente o por ser un superhéroe durante este tiempo. Sé tú mismo y haz lo que sepas que la mamá necesita.

Éstas son sólo cosas que debes tener en cuenta mientras inicias este hermoso viaje del embarazo en común. ¡Habla con tu pareja para ver lo que ambos necesitan y quieren durante esta emocionante etapa!

Y recuerda que debes hacer un chequeo al menos una vez a la semana, aunque todo vaya aparentemente bien. Programa una cita con tu médico (si aún no lo has hecho) y ve con la mamá si puedes. De esta manera, ella tiene a alguien allí que sabe exactamente por lo que está pasando.

Así que, por favor, no te agobies; tómate un día a la vez. Al fin y al cabo, lo más importante es que cuides a tu pareja -y a ti mismo- de la manera que tenga sentido para los dos. De este modo, ambos se sentirán cómodos, felices, sanos y preparados para dar la bienvenida al nuevo miembro de la familia.

PRIMER TRIMESTRE

DONDE TODO COMIENZA

CAPÍTULO 1
MES 1

CABALLEROS, ENCIENDAN SUS MOTORES

Bienvenido al primer mes de embarazo de tu pareja. Es un momento increíblemente emocionante, pero también puede ser un poco desalentador. Como futuro padre, hay muchas cosas que debes saber para ser el mejor sistema de apoyo para tu pareja.

En este capítulo hablaremos de los aspectos básicos del embarazo: lo que ocurre durante cada etapa y algunos términos esenciales que debes conocer. Esta información te ayudará a entender lo que ocurre cada mes y a planificar con antelación los retos y las alegrías que conlleva ser padre. Enhorabuena por esta nueva aventura.

Compartir es cuidar

En cuanto tú y su pareja conciben, es casi irresistible compartir esta maravillosa noticia con sus seres queridos. Pero no anuncies la noticia hasta después del primer trimestre. Durante las primeras semanas de embarazo, existe un alto riesgo de aborto, y lidiar con un aborto espontáneo ya es suficientemente duro como para tener que explicarlo a tus amigos y familiares una y otra vez.

Los tres primeros meses de embarazo de tu pareja son un momento de alegría y de secretismo. Es un momento en el que puedes disfrutar de la experiencia de ser padre sin que nadie lo sepa. Recuerda que el cuerpo de tu pareja está experimentando muchos cambios durante este tiempo mientras intenta acomodar una nueva vida.

Mientras tu pareja entra en las primeras semanas de su embarazo, hay algunas cosas que puedes hacer para apoyarla. Tendrás que estar ahí para ella emocionalmente, por supuesto, pero si realmente quieres dar un paso adelante, también puedes hacer algunos cambios en tu estilo de vida. Por ejemplo, dejar de tomar café y alcohol como acto de solidaridad. Demostrar que estás dispuesto a hacer estos cambios le hará saber que te has comprometido a ser un súper padre.

TU GUÍA DE REFERENCIA SEMANAL

Ahora que ya sabes más o menos lo que te espera, vamos a profundizar en los detalles. A partir de este momento, trataremos los siguientes puntos para cada semana de embarazo:

- El crecimiento y el progreso del bebé
- Lo que está viviendo tu pareja
- Lo que puedes hacer para ayudar

Que empiece la fiesta, ¿de acuerdo?

SEMANA 1: PREPARACIÓN DEL EMBARAZO

Paradójicamente, la primera semana de embarazo se produce antes de concebir. Aunque esto no tiene sentido, ya que, si somos muy técnicos, no hay un bebé en este momento, pero sigue con nosotros, todo tendrá sentido. Básicamente, se trata de un seguimiento de la menstruación más que de la ovulación.

En esta primera semana, el cuerpo de tu pareja se está preparando para la ovulación y para el embarazo. Es un buen momento para que tu pareja empiece a tomar suplementos de ácido fólico. Se ha demostrado repetidamente que el ácido fólico (o folato, como se conoce a veces) protege contra los principales defectos congénitos del cerebro y la columna vertebral del bebé (anencefalia y espina bífida, respectivamente). Asegúrate de animar a tu pareja a tomar un suplemento de ácido fólico y a comer muchos alimentos ricos en folatos, como las verduras de hoja verde y los espárragos.

Algo que merece la pena destacar es que estos defectos congénitos suelen producirse en una fase bastante temprana del embarazo, y por eso los CDC recomiendan que tu pareja empiece a tomar 400 microgramos de ácido fólico incluso antes de concebir. Se dice que esto también disminuye las posibilidades de aborto espontáneo.

SEMANA 2: OVULACIÓN Y FECUNDACIÓN

En la segunda semana, tu pareja está ovulando y el útero se está poniendo más cómodo en espera de un óvulo fecundado. También es el momento en el que el revestimiento del útero se vuelve más grueso, aunque técnicamente todavía no hay un bebé, pero no te preocupes, ¡ya llegará!

Ahora que sabes cuándo es más fértil tu pareja, es hora de divertirse. Prepárate para la acción comprando lencería sexy o planea una escapada de fin de semana. Y asegúrate de vigilar su moco cervical; cuando empiece a parecerse a una clara de huevo cruda, sabrás que está lista para empezar (¿quién dijo que hacer un bebé no sonaba sexy?).

El sexo cuando se intenta concebir puede ser tan divertido y espontáneo como el sexo casual habitual. Es posible que tenga que ser un poco más planificado y calculado cuando intentas concebir, pero eso no significa que el proceso tenga que ser aburrido. Prueba a "salir" con tu pareja de nuevo y diviértete en el proceso. Salgan a cenar, envíen algunos mensajes de texto apasionados o cómprale algo que la ponga de buen humor. La clave es asegurarse de que ambos se divierten y tratan de pasar un buen rato.

Sin embargo, hay que recordar que, cuando se está intentando concebir, debe evitarse el sexo oral. Antes de que tires este libro por la ventana, déjame explicarte. Las enzimas de la saliva pueden estropear los nadadores. Aunque las investigaciones sobre este tema concreto son un poco escasas (y a veces contradictorias), no merece la pena correr el riesgo, ¿verdad? Además, deberás mantenerte alejado de los lubricantes de baja calidad, los jacuzzis y las mantas eléctricas; sí, incluso las mantas eléctricas pueden estropear tus nadadores.

¿No ha habido suerte hasta ahora?

Así que has estado intentando que tu pareja se quede embarazada, pero no va como estaba previsto. No te preocupes, no estás solo. La mayoría de las parejas tardan un poco en concebir. Si lo has intentado con ahínco y aún no lo has conseguido, quizá sea el momento de consultar a un médico. Ellos pueden ayudar a averiguar por qué no funciona y pueden recetar una medicación para aumentar tus posibilidades. Si la medicación funciona, es probable que tu pareja experimente algunos cambios de humor intensos debido a las fluctuaciones hormonales. Pero no te preocupes, ¡todo esto forma parte del proceso!

Sin embargo, si la medicación no funciona, es posible que tengas que acudir a una clínica de infertilidad. Puede ser una experiencia muy estresante y llena de presión, pero es importante asegurarse de que no hay problemas con tu esperma. Tu pareja también se someterá a algunas pruebas para ver si su entorno uterino es propicio para el embarazo. Recuerda que ella lo tiene peor que tú, así que es más crucial que nunca que se apoyen mutuamente.

SEMANA 3: CONCEPCIÓN

Después de todo el trabajo y la pasión, por fin ha llegado el momento que estabas esperando. Tus pequeños han fecundado el óvulo y el "cigoto" resultante está ahora de camino al útero. Ese cigoto se está convirtiendo en una pequeña bola de células conocida como blastocisto, que acabará convirtiéndose en el feto y, finalmente, en tu bebé.

El crecimiento de tu bebé

Como tu bebé sigue creciendo, ahora tiene el tamaño de la cabeza de un alfiler. Este increíble crecimiento se debe a que las células se dividen y multiplican en número. Alrededor de cinco días después de la fecundación, el blastocisto se prepara para adherirse a la pared uterina. Es durante este periodo de tiempo cuando el blastocisto único puede convertirse en múltiples blastocistos, dando lugar a (lo has adivinado) nacimientos múltiples. Esto es lo que ocurre con los gemelos idénticos. Pero en el caso de los gemelos fraternos, dos óvulos distintos son fecundados por dos espermatozoides distintos. Esto no es tan distinto de tener dos bebés distintos, salvo que los ovarios de tu pareja han producido dos óvulos en lugar de uno.

Lo que está viviendo ella

Durante la primera semana, es posible que tu pareja experimente un pequeño sangrado, pero no te preocupes; es totalmente normal. Suele deberse a que el blastocisto intenta adherirse a la pared uterina, así que no hay que preocuparse si esto le ocurre a tu pareja.

Lo principal que hay que tener en cuenta durante este periodo inicial son los cambios de humor, principalmente los de tu pareja. Aunque los cambios que se produzcan en ella no serán necesariamente evidentes por fuera, estará pasando por MUCHAS cosas internamente. Ya ha comenzado una montaña rusa de cambios físicos, hormonales y emocionales, y es posible que tú también te veas envuelto en ella.

Lo que puedes hacer

Ahora es un buen momento para empezar a elegir un estilo de vida saludable con tu pareja. Es maravilloso demostrarle que te importa y que estás con ella en todo momento, ya sea haciendo ejercicio juntos o simplemente saliendo a pasear. Al realizar actividades físicas, ten cuidado porque tu pareja puede esforzarse demasiado. Antes de incorporarla a tu rutina diaria, habla primero con tu médico.

También es el momento ideal para dejar de depender de la comida rápida y la comida para llevar y empezar a comprar tus propias comidas. Estas visitas a la tienda de comestibles también podrían ayudarte a ganar algunos puntos para el brownie más adelante.

SEMANA 4: IMPLANTACIÓN Y LA GRAN BRECHA

Es en este momento cuando las células se dividen en tres capas distintas a partir de las cuales se desarrollarán los órganos internos y la piel del bebé.

- Tamaño del bebé: El óvulo fecundado, conocido como cigoto, es una bola de 32 células del tamaño de una semilla de amapola.
- Longitud del bebé: Aproximadamente de 0,014 a 0,04 pulgadas.
- Peso del bebé: Menos de 0,04 onzas.

Durante esta semana, el bebé de tu pareja empieza a sentirse cómodo en el útero. Puede ser difícil distinguir los primeros síntomas del embarazo de la experiencia premenstrual habitual.

El crecimiento de tu bebé

¡Tu bebé está creciendo como un loco! Esta semana, algunas de las células se convertirán en el embrión en desarrollo, mientras que otras formarán conexiones con el suministro de sangre de la madre y proporcionarán nutrientes a tu pequeño. Las células que se convierten en el embrión seguirán dividiéndose y se especializarán en tres capas.

- La capa superior formará la sede neural, que posteriormente se convertirá en el cerebro, el tubo neural, los nervios, etc.
- La capa intermedia se encargará del mecanismo circulatorio, convirtiéndose finalmente en el corazón, las venas y las arterias.
- La última capa está destinada a otras funciones esenciales y más adelante se convertirá en pulmones, intestinos y sistema urinario. Por ahora, estará unida a la placenta, que se encargará de la alimentación y la excreción del bebé (caca).

Por el momento, tu bebé no es más grande que una semilla de amapola. De hecho, con sólo 0,04 pulgadas de largo, tu bebé apenas es visible a simple vista. Teniendo en cuenta que este diminuto embrión ha pasado del tamaño de una cabeza de alfiler a una semilla de amapola, es asombroso pensar en todo lo que abarca: su código genético muestra características importantes como el sexo, el color de los ojos y el tipo de pelo. Asombroso.

En los próximos meses, tu bebé flotará en un saco protector de líquido amniótico, protegido de las fluctuaciones de temperatura y de las sacudidas repentinas. Es entonces cuando tu embrión se convierte oficialmente en un feto.

Lo que está viviendo ella

Incluso en esta fase, es probable que tu pareja ya sienta los cambios hormonales. El nivel de la hormona gonadotropina coriónica humana (hcG) es crucial conocerlo en este momento. Los niveles de hcG seguirán aumentando hasta más adelante en el embarazo, lo que puede provocar algunas experiencias "divertidas" (y con "divertidas" nos referimos a horribles y molestas) en el embarazo, como micción frecuente, agotamiento, sensibilidad en los pechos y antojos de comida (o aversión). Pero recuerda que, a estas alturas, todos estos síntomas son muy similares a los típicos dolores y problemas del periodo que tu pareja conoce, así que la única forma de saber realmente si estás embarazada es haciéndote una prueba.

¿Por qué tantas pruebas?

Quizá te preguntes: ¿cuál es la precisión de las pruebas de embarazo? Bueno, la respuesta corta es: son bastante precisas. De hecho, la mayoría de las pruebas tienen una precisión del 98% (dependiendo de la proximidad a la falta de menstruación). Pero hay una cosa que debes tener en cuenta: las pruebas de embarazo no dan un valor numérico de los niveles de hcG en tu cuerpo. Así que si tienes curiosidad por saber cuánta hcG está produciendo, sólo tendrás que realizar un análisis de sangre.

¿Por qué te interesan los niveles específicos de hcG? Bueno, los niveles de hcG más altos también se asocian a los nacimientos múltiples, así que si los niveles de hcG de tu pareja se salen de lo normal, podría significar que hay gemelos (o más) en camino.

Lo que puedes hacer

En esta etapa, es natural que tú (y tu pareja) se sientan un poco asustados o incluso abrumados por todo. Aunque es importante mantener un estilo de vida saludable, debes recordar que no se trata sólo de una experiencia física O emocional para tu pareja, sino de AMBAS.

Es posible que se sienta malhumorada o agitada sin saber siquiera cuál es la causa. Y la incertidumbre de si está o no embarazada no facilita las cosas. Lo más importante en esta fase es apoyarla y dejar que exprese sus sentimientos. Ella no necesita al "Señor Arreglo" en este momento, sino al "Señor Cállate y Escucha".

La mejor manera de distraer a tu pareja de su ansiedad, puede ser hacer cosas juntos. Cosas como salir a pasear, pasar el rato en la cama y ver películas, o cualquier cosa que le interese, debería ayudar. Sin embargo, asegúrate de que también tenga algo de tiempo para sí misma. Prepárale un baño con sales relajantes y hazle algunos recados, para que tenga su propio espacio. Si no estás seguro de por dónde empezar, pregúntale qué necesita/quiere de ti.

Cuando tu pareja está pasando por un momento difícil, es esencial que estés a su lado. Las mujeres de tu círculo familiar y de amigos pueden ser un excelente recurso para averiguar qué podría hacer que tu pareja se sienta mejor. Incluso pequeñas cosas como dejar notas por la casa o llevar un ramo de flores pueden marcar una gran diferencia. Y lo más importante, tómate este tiempo para hablar de tus sentimientos. Un vínculo fuerte ayudará a ambos a superar los momentos difíciles.

¡Así que ya está! Está embarazado. Un mes menos, ocho más. A medida que el embarazo avanza, todo se complica. Pero no te preocupes, puedes ir mes a mes, y esta guía te acompañará en todo momento.

CAPÍTULO 2

MES 2

CABEZA, HOMBROS, RODILLAS Y PIES (Y MÁS)

Los próximos meses son una época de grandes cambios y emociones: ¡estás embarazado! A medida que pasen las semanas, ambos experimentarán muchos cambios físicos y emocionales. Hay muchas cosas que aprender y preparar a medida que se desarrolla tu nueva vida. Este capítulo trata de educarte y, con suerte, de prepararte para el segundo mes de embarazo.

Durante el segundo mes, el embarazo empezará a notarse y la gente empezará a preguntar por el inminente bebé. Es probable que tu pareja empiece a sentirse más cansada y de mal humor mientras su cuerpo se adapta a los nuevos cambios. Es importante animarla a escuchar a su cuerpo y ayudarla a tomarse las cosas con calma durante este tiempo.

El progreso de cualquier embarazo puede ser algo complicado de seguir. Técnicamente, el embarazo dura 40 semanas (o diez meses en "términos médicos"). Sin embargo, es posible que muchas parejas ni siquiera se den cuenta de que están embarazadas antes de que llegue el segundo mes, ya que no suele haber signos externos evidentes.

El progreso semana a semana

Este puede ser un momento emocionante para ti y tu pareja, pero también puede ser uno de los más difíciles. Recuerda que las hormonas siguen haciendo estragos en el cuerpo de tu pareja, lo que puede ser difícil de sobrellevar. Pero si le tomas la mano en este momento, tanto física como metafóricamente, podrán superar juntos los retos que les esperan.

SEMANA 5: AL PRINCIPIO...

La creación del cerebro, la médula espinal, el corazón y los vasos sanguíneos ya está muy avanzada.

- Tamaño del bebé: Un grano de pimienta.
- Longitud del bebé: Aproximadamente 0.05 pulgadas.
- Peso del bebé: Menos de 0.04 onzas.

Esta es una gran semana con un montón de nuevos cambios. Los cambios internos empiezan a notarse también en el exterior. Además, es posible que notes que empieza a ser un poco más reactiva de lo normal -recuerda, no es nada personal; esto es obra de esas molestas hormonas.

El crecimiento de tu bebé

Esta semana, tu bebé está creciendo mucho. Empieza a parecerse menos a una mancha y más a un renacuajo. Puede ser extraño pensar en ellos como un renacuajo, pero este es el mundo real, y están llegando allí, lentamente pero con seguridad. Empezaron como una semilla de amapola, pero ahora son casi del tamaño de una pequeña semilla de limón. Hay que tener en cuenta que todavía son una bola de células y que les queda mucho camino por recorrer.

A medida que el embrión crece, empieza a parecerse cada vez más a un ser humano. La cabeza sigue siendo la parte más visible, pero también se pueden ver los inicios de los brazos y las piernas. Es un momento emocionante para el embrión, ya que empieza a desarrollar todos los rasgos que lo convertirán en un ser humano.

Lo que está viviendo ella

La madre todavía no ha mostrado ningún signo externo de embarazo, pero los signos como el cansancio, los pechos sensibles y las náuseas constantes son cada vez más intensos. El cansancio, en particular, se acentúa a medida que pasan las semanas, por lo que necesitará hacer más paradas para descansar.

A medida que avanza el embarazo de tu pareja, probablemente notarás que necesita hacer pis cada vez más a menudo: esto se debe a que el bebé está creciendo y empieza a presionar su vejiga. Esto es tan divertido como parece.

Lo que puedes hacer

Como futuro papá, es importante entender que, aunque el cuerpo de tu pareja no haya empezado a mostrar signos explícitos, ¡está ocupado por una persona en crecimiento! Es algo que requiere mucho tiempo. De hecho, es justo llamarlo un trabajo "24/7".

Ante este hecho, a menudo tendrás que hacerte cargo. No, eso no significa ser el típico marido de los años 50, sino asegurarte de que ella toma sus suplementos, de que programas las citas con el médico, de que ordenas la casa y de que te encargas de cualquier otra cosa que pueda ser necesaria.

También es una buena idea planear algunas actividades agradables. Cosas como una cena romántica o una película pueden ayudar a tu pareja a desconectar del estrés del embarazo; sólo recuerda tener en cuenta las pausas para ir al baño, ya que probablemente necesitará ir unas cuantas veces mientras estás fuera.

SEMANA 6: FACETIME

Tu pequeño ya ha triplicado su tamaño y está protegido por el líquido amniótico.

- Tamaño del bebé: Una semilla de granada.
- Longitud del bebé: 0,13 pulgadas.
- Peso del bebé: Menos de 0.04 onzas.

Por lo general, esta semana es cuando tienes la primera cita con tu proveedor de atención médica. El examen pélvico, la orina y el análisis de sangre pueden ser un poco incómodos, pero es una muestra de lo que está por venir (en términos de pruebas médicas) durante los próximos meses.

El crecimiento de tu bebé

A medida que tu bebé sigue creciendo, se producen importantes cambios. Esta semana, el feto está empezando a desarrollar rasgos que le harán parecer más humano. Se le está formando la cara, y puedes ver el comienzo de los ojos, la nariz y las orejas. El bebé también está creciendo rápidamente y, al final de esta semana, medirá unos 5 centímetros.

A medida que el bebé sigue creciendo, también lo hacen sus órganos. Esta semana, el corazón está trabajando más intensamente para bombear sangre a todo el cuerpo. De hecho, se espera que el ritmo cardíaco sea de unos 110 latidos por minuto, casi el doble que el de los adultos. Este fuerte latido es sólo uno de los signos de que las cosas van bien para el bebé. Ten en cuenta que, aunque todavía no puedas oír los latidos del corazón con una ecografía, cada día están más cerca. Junto con el esforzado corazón, los riñones, el hígado y los pulmones también están creciendo en preparación para la vida fuera del útero.

Lo que está viviendo ella

El embarazo puede ser duro para tu pareja, sobre todo durante la sexta semana, en la que verá aumentar sus síntomas. Verá que aumentan las náuseas matutinas (no necesariamente limitadas a la mañana) y el ardor de estómago (que se mantendrá hasta el final del embarazo). También puede notar un cambio en su apetito y una aversión a ciertos alimentos, junto con algunos antojos (normalmente extraños).

Cuando la mujer entra en el segundo trimestre, empieza a disfrutar de algunos de los beneficios de su embarazo, como el llamado "brillo del embarazo". Durante este tiempo, las hormonas de su pareja están preparando su cuerpo para ser el mejor hogar posible para su bebé. Puede que su pelo se vuelva más grueso y que le empiecen a crecer las uñas más fuertes. También es posible que sus pechos aumenten de tamaño (¡ya!) y que tenga que ir al baño con más frecuencia de lo habitual (¡uf!).

Acompáñala durante este tiempo y apóyala. Ella lo agradecerá.

Lo que puedes hacer

Preparar la cita médica de tu pareja esta semana va a requerir un cierto esfuerzo por tu parte. Asegúrate de venir preparado con una lista de preguntas que te ayuden a entender el proceso y lo que se espera de ti. Asegúrate de revisar el historial médico de ambos en detalle. Este es un momento en el que es fundamental extremar las precauciones, así que asegúrate de obtener la aprobación de tu médico antes de utilizar cualquier producto o consumir cualquier alimento que pueda no ser seguro durante el embarazo. Aunque algo no parezca gran cosa, siempre es mejor prevenir que lamentar.

A medida que tu pareja avanza en su embarazo, necesitará tu apoyo de muchas maneras. Un aspecto en el que puedes ser especialmente útil es motivarla para que haga ejercicio. Aunque parezca mucho trabajo, dar esos pasos con ella puede marcar la diferencia. Esto no significa que tengas que convertirte en el Sr. Motivador y empujarla a correr una media maratón, ni mucho menos. Se trata de apoyarla para que se mantenga adecuadamente activa, lo que le ayudará a aliviar algunos de los dolores y molestias que experimenta y también le dará un impulso a su estado de ánimo gracias a las endorfinas del entrenamiento.

Además de los cambios físicos que experimenta tu pareja, es posible que se sienta abrumada por sus emociones. Acompáñala y habla de lo que siente. La única manera de superarlo es juntos.

PRO-TIP

Cuando decimos: "Estate a su lado y hablen de lo que sienten", la mayor parte de ese tiempo debes ser tú el que escuche activamente. En otras palabras, mantente callado y deja que se desahogue. Como antes, ella no necesita al "Sr. Arreglo" en este momento, sino al "Sr. Cállate y Escucha."

SEMANA 7: MANOS Y PIES

Los brotes de sus brazos (que se formaron la semana pasada) empiezan a parecer pequeñas palas.

- Tamaño del bebé: Un pequeño arándano.
- Longitud del bebé: alrededor de una pulgada.
- Peso del bebé: menos de 0,04 onzas.

Esta es la semana en la que tu renacuajo empieza a convertirse en un ser humano. Verás cómo empiezan a formarse sus pequeñas manos y pies, y puedes esperar grandes cambios en las próximas semanas.

El crecimiento de tu bebé

Hola, futuros padres, ¡no se preocupen más por la cola de su pequeño! Cada vez es más pequeña y pronto desaparecerá por completo. Pero esa no es la parte más interesante del desarrollo de esta semana. Tu bebé está desarrollando una estructura ósea. Por ahora, está hecho de cartílago, que es blando y flexible y que con el tiempo se endurecerá hasta convertirse en huesos de apoyo. Esos pequeños brotes que viste en el embrión han empezado a convertirse en verdaderas manos y piernas. Todavía tienen forma de aleta, pero se van acercando a las manos humanas a medida que pasan los días.

A medida que el bebé se hace más fuerte, es posible que incluso puedas oír los latidos de su corazón a través de una ecografía. Este es un hito muy emocionante para los padres, y aunque tu bebé es todavía muy pequeño, es aproximadamente 10.000 veces más grande que cuando empezó como un óvulo fecundado. En este momento, tiene el tamaño de un arándano pequeño.

Además, esta semana el cerebro de tu bebé sigue creciendo a un ritmo increíble (¡casi 100 células nuevas por minuto!), mientras que la placenta empieza a adoptar una estructura más compleja para estar preparada para asumir la responsabilidad de la nutrición del bebé por completo.

Lo que está viviendo ella

Las mujeres embarazadas tienen un mayor sentido del olfato, lo que puede hacer que la vida cotidiana sea bastante complicada. En la séptima semana de embarazo, muchas mujeres experimentan (más) náuseas y vómitos como resultado de sus cambios hormonales. Esto puede dificultar el comer cualquier cosa sin sentirse mal y puede hacer que dormir sea un reto.

Al igual que con la mayoría de las partes de este proceso, esto es exactamente tan divertido como parece, así que trata de ser extra-ayudante y cariñoso durante este tiempo.

Su útero tiene ahora casi el doble de su tamaño original y, además, los pechos de tu pareja estarán creciendo, lo que significará que estarán más sensibles y probablemente un poco doloridos.

Lo que puedes hacer

Al entrar en este periodo del embarazo, una de las cosas más importantes que puedes hacer es ayudar a cocinar. Dado que tu pareja puede ser muy sensible a ciertos alimentos y olores, es probable que necesite que te encargues de la mayor parte de las tareas culinarias durante un tiempo (si es que no era ya tu especialidad). Además, prueba a preguntarle qué olores le gustan y a utilizarlos en los ambientadores de la casa. Así, la ayudarás a sentirse más cómoda en el hogar.

Cuando se trata de mantenerse activa durante el embarazo, asegúrate de que no exagere. Seguir los consejos del médico es fundamental; es posible que le aconsejen que no haga nada que pueda provocar un tirón en la zona del abdomen.

Desde el punto de vista médico, también puede ser un buen momento para examinar el embrión en busca de problemas cromosómicos que puedan poner en peligro el embarazo. Asegúrate de preguntar a tu médico en esta fase para descartar cualquier cosa.

SEMANA 8: DEDOS DE LAS MANOS Y DE LOS PIES

Sus manos y pies tienen los dedos palmeados. Pronto este tejido extra entre sus dígitos será reabsorbido para revelar los dedos individuales de las manos y los pies.

- *Tamaño del bebé: Una frambuesa.*
- *Longitud del bebé: aproximadamente 0,63 pulgadas.*
- *Peso del bebé: menos de 0,04 onzas.*

Bienvenido a la séptima semana de desarrollo de tu bebé. Esta semana, tu pequeño está pasando de ser un arándano a una frambuesa. A medida que aumenta su tamaño, también lo hace su ritmo de desarrollo. Su cola ha desaparecido por completo (¡menos mal!), y de ser un renacuajo hace unos días, el embrión empieza a parecer un auténtico bebé humano. Aunque todavía les queda camino por recorrer antes de alcanzar su tamaño completo, los cambios se suceden con rapidez.

El crecimiento de tu bebé

A medida que tu bebé crece, es posible que notes que su corazón se acelera (estamos hablando de hasta dos veces más rápido que el de un adulto normal). Pero no te preocupes: todo esto es normal en esta etapa del desarrollo. Sus extremidades también están creciendo, y empezarás a ver cómo se definen los dedos de las manos y de los pies, y cómo empiezan a formarse los párpados.

Los pulmones del bebé están creciendo y tomando forma, y su red neuronal es cada vez más fuerte. Esos nervios no sólo están creando conexiones entre ellos, sino que también se están conectando a todos los órganos, músculos y tejidos.

Además, esta semana, el embrión sigue moviéndose y, aunque tu pareja no sentirá todavía los movimientos, está captando lenta y constantemente todas las funciones adultas en sus formas más básicas.

Lo que está viviendo ella

A medida que avanzan las semanas, tu pareja va a experimentar más y más molestias físicas. No sólo le dolerá el estómago, sino que también tendrá que lidiar con mucho estrés emocional. Es un momento difícil para ella y necesita tu apoyo.

Es probable que los síntomas del principio del embarazo sigan siendo fuertes. Pero el mayor reto para tu pareja serán los cambios de humor causados por los constantes cambios hormonales. Esto supondrá un gran desgaste de su energía, tanto física como mental. En este momento del embarazo es bastante común que haya una mayor fatiga.

Es posible que tu pareja experimente algún flujo blanco durante el embarazo, que es un efecto secundario común debido al aumento de estrógenos. Sin embargo, tu pareja debe estar atenta a cualquier otro color de flujo, ya que podría indicar una infección y requerir atención médica.

Lo que puedes hacer

Por si no fuera ya obvio, tu pareja es el principal espectáculo. Ella es la que hace el trabajo pesado, y tu trabajo es apoyarla en todo.

Si tu compañera es la estrella del rock, tú eres como el hombre de los bastidores que hace todo lo posible para que ella brille. Eres el que hace la prueba de sonido, la iluminación y, básicamente, todo lo que le permite lucir y sonar de maravilla.

Si puedes ocuparte de las pequeñas cosas, será una gran ayuda para ella. Ten paciencia con sus cambios de humor, distráela con cosas divertidas cuando sea necesario y ayúdala a hablar de sus sentimientos. Hazlo incluso cuando se exalte por cosas sin importancia, se tome las cosas demasiado a pecho o vaya en círculos repitiendo información irrelevante.

Recuerda nuestro lema:

Ella no necesita al "Sr. Arreglo" ahora mismo, necesita al "Sr. Cállate y Escucha".

Pero lo más importante es que, al llegar al final de la octava semana, se den una palmadita en la espalda: ¡han superado con éxito el segundo mes! Este es un hito importante: el primer trimestre está cada vez más cerca.

CAPÍTULO 3
MES 3
MANTÉN LOS OJOS EN EL PREMIO

El tercer mes de embarazo es un momento emocionante. Has superado los dos primeros meses, que pueden ser un reto. Pero ahora tu pareja empieza a mostrarlo en su cara, y la gente empieza a felicitarlos a los dos. Es el momento de celebrar y disfrutar de tu embarazo.

Probablemente estés empezando a sentirte mucho mejor ahora que estás cerca de salir de la zona de peligro de los abortos espontáneos. Por fin puedes compartir tus buenas noticias con tus seres queridos y empezar a disfrutar de tu embarazo.

Este mes, tu bebé está desarrollando algunas de las funciones más cruciales necesarias para su supervivencia, así que asegúrate de cuidarte bien a ti y a tu pareja para ayudarla en su camino.

El progreso semana a semana

Durante estos nueve meses, es probable que tu pareja tenga algunas dificultades importantes para retener la comida. Aunque la gravedad de estas dificultades varía mucho, el peso es algo que definitivamente tendrás que vigilar. La pérdida de peso a causa de los vómitos excesivos es una posibilidad muy real, por lo que probablemente tendrás que encontrar tus propias soluciones "a medida" para este problema.

SEMANA 9: TRANSFORMACIÓN

Enhorabuena, en la novena semana tu bebé ha pasado de embrión a feto. Su sistema digestivo y sus órganos reproductores están en su sitio, pero aún es demasiado pronto para saber si vas a tener un niño o una niña.

- Tamaño del bebé: Una cereza.
- Longitud del bebé: Alrededor de 0.9 pulgadas.
- Peso del bebé: Alrededor de 0,07 onzas.

Esta semana, tu bebé sigue creciendo y desarrollándose. Los latidos del corazón son fuertes y los movimientos son más pronunciados. Aunque todavía no lo sientas, tu bebé está cada vez más animado. Esta semana, puedes considerar la posibilidad de utilizar una ecografía Doppler manual para detectar embriones múltiples. Si eres portadora de múltiples, esto te dará cierta tranquilidad.

El crecimiento de tu bebé

A medida que tu bebé crece, empieza a parecerse cada vez más a una persona. Puedes ver cómo los ojos, la nariz y las orejas toman forma y se hacen más prominentes. En esta semana, mide alrededor de 2,5 cm, más o menos el tamaño de una aceituna. ¡Ten en cuenta cuánto ha crecido desde la primera semana!

Lo que está viviendo ella

Las náuseas matutinas pueden ser una experiencia realmente dura para las mujeres embarazadas. No sólo tienen que lidiar con las náuseas y los vómitos, sino que muchas también experimentan otras molestias como dolor de garganta, deshidratación, etc. Por suerte, hay algunas cosas que pueden ayudar a proporcionar alivio. Beber té de jengibre es una buena manera de ayudar con las náuseas, y comer trozos de hielo puede ayudar con el dolor de garganta y la deshidratación.

Es probable que tu pareja esté especialmente irritable en este momento y se niegue a tomar cualquier cosa que le ofrezcas. Esto es normal, y también es un entrenamiento para que te conviertas en un nuevo papá. No importa lo mucho que acabe amando a su nuevo paquete de alegría; ¡la pondrá a prueba hasta sus límites! Ten paciencia con ella y considera esto como una experiencia de aprendizaje.

A medida que el bebé crezca, exigirá más y más alimentación. Esto puede ser duro, sobre todo porque tu pareja siempre tiene hambre y, sin embargo, comer le provoca casi siempre fuertes náuseas y, normalmente, vómitos.

La buena noticia es que la mayoría de las mujeres sólo experimentan síntomas leves (cuando se trata de náuseas y vómitos, al menos). Si tu pareja es una de las pocas desafortunadas que experimenta síntomas graves, asegúrate de hablar con tu médico, ya que los vómitos constantes pueden afectar a su salud y a la del bebé.

A medida que avanza el embarazo, es importante ser consciente de algunas de las posibles afecciones que pueden surgir. Muchas mujeres experimentan algunos problemas desagradables pero muy manejables, como cálculos renales gestacionales, diabetes gestacional y otras afecciones relacionadas que se desencadenan por los enormes cambios hormonales. Si no estás seguro de algo, como siempre, lo mejor es que hables con tu médico para que te aconseje y te indique los pasos a seguir.

En este momento, también se encontrará aún más agotada, de mal humor y con la sensación de que necesita orinar CON MÁS FRECUENCIA. La buena noticia es que esto es totalmente normal. La mayoría de las mujeres embarazadas se sienten así en esta etapa.

Lo que puedes hacer

Estar ahí para ella es, como siempre, lo más importante que puedes hacer. Está pasando por muchas cosas y puede olvidarse de hacer las preguntas necesarias o de tomar sus vitaminas a tiempo. Si là apoyas, le darás la confianza que necesita para superar cada semana.

En lo que respecta a la salud de tu pareja, debes asegurarte de vigilar de cerca lo que come. Asegúrate de que ingiere suficientes grasas, proteínas e hidratos de carbono, incluso si eso significa que tiene que comer un poco más (para compensar los vómitos). Si incluyes fuentes de proteínas a base de carne, asegúrate siempre de que estén bien cocinadas: ¡no se permite la carne poco hecha! Además, también hay que evitar ciertos pescados con alto contenido en mercurio, como el atún, por muy "sano" que se suponga que sea.

SEMANA 10: OJO, OJO (CAPITÁN)

Los ojos y los párpados de tu bebé se están desarrollando, e incluso sus cejas están empezando a crecer.

- Tamaño del bebé: Un Kumquat.
- Longitud del bebé: 1,22 pulgadas.
- Peso del bebé: 0,14 onzas

La décima semana es una semana de grandes cambios (¡no es una gran sorpresa!). Tu futuro bebé, que hasta ahora se conocía técnicamente como embrión, es ahora oficialmente un feto. La razón de esta distinción se debe a la etapa en la que se encuentra el bebé en desarrollo.

Un embrión todavía está en la fase de desarrollo de los órganos humanos básicos, mientras que un feto es como una versión en miniatura de un ser humano. Como cuando metes un jersey en una lavadora caliente y se encoge un poco. Sigues sabiendo que es tu jersey, pero ahora es un poco más pequeño y más arrugado: eso es un feto.*

*descargo de responsabilidad - Sé que fue un ejemplo terrible, ¡y me disculpo!

El crecimiento de tu bebé

En esta semana, puedes empezar a ver cómo se desarrollan algunas de las características sexuales del bebé. En el caso de los niños, esto incluye la aparición de los testículos y la producción de testosterona. El bebé también empieza a formar dientes por debajo de la línea de las encías. Sin embargo, estos dientes no saldrán hasta alrededor de los seis meses de edad. Además, los huesos y cartílagos de la estructura ósea siguen desarrollándose y endureciéndose, lo que permite al bebé flexionar los brazos y las rodillas. Interesante, ¿no?

Lo que está viviendo ella

Sigue estando cansada e irritable y emocional y sintiéndose mal todo el tiempo y todas esas cosas buenas que ambos han llegado a conocer y amar, ¡pero ahora hay un bono extra! Tu pareja pronto empezará a experimentar...

Redoble de tambores, por favor...

¡Estreñimiento!

Esto es algo que las mujeres embarazadas experimentan con frecuencia en esta etapa. Hay algunas cosas que pueden ayudar:

comer más alimentos ricos en fibra, beber mucha agua y mantener una actividad física suave.

Es en este momento cuando probablemente empieces a notar "el bulto del bebé". Ten en cuenta que las protuberancias del bebé vienen en todas las formas y tamaños, así que no te preocupes si a tu pareja no se le nota tanto o más que a otra persona. Cada madre está en su propio camino, y cada embarazo tiene un aspecto un poco diferente.

También es probable que tu pareja experimente "dolor de ligamento redondo", que no es más que los dolores de crecimiento de un vientre en expansión.

También es posible que notes que aparecen unas nuevas venas azuladas en su abdomen y sus pechos. Estas venas no son nada de lo que preocuparse: sólo son una señal de que el cuerpo de tu pareja está ampliando su red de circulación sanguínea para adaptarse a las necesidades circulatorias del bebé.

Lo que puedes hacer

Esta semana, estar disponible y a mano para todas las pruebas prenatales. Estas pruebas pueden provocar ansiedad, así que hay que estar ahí para ayudarla a sentirse apoyada y asegurarse de que no tenga que enfrentarse a esto sola.

A medida que el embarazo se hace más visible, es un buen momento para empezar a documentarlo. Esto también significa que es el momento de empezar a comprar ropa de maternidad. Ahora que su cuerpo está cambiando por fuera, es posible que tu pareja se sienta un poco abrumada -hablamos del tipo de abrumación "¡¡¡OH, esto está ocurriendo de verdad!!!" - así que intenta tranquilizarla con gestos románticos y recordatorios de que la quieres. Hazle saber que sigue siendo hermosa, independientemente de los cambios que se produzcan en su cuerpo.

A partir de este momento, también es fundamental seguir eligiendo un estilo de vida saludable. Tu pareja se beneficiará de las cosas que haces para mantenerte sano, como comer bien, dormir lo suficiente y mantenerte activo. También puedes considerar la posibilidad de asistir a una clase de yoga para embarazadas; es una forma estupenda de mantenerte activo y de seguir conectado emocionalmente con tu pareja.

SEMANA 11: RITMO DE CRECIMIENTO

Entre la semana 11 y la 20, tu bebé crecerá aproximadamente 30 veces en peso y 3 veces en longitud.

- Tamaño del bebé: Un higo.
- Longitud del bebé: 1,61 pulgadas.
- Peso del bebé: 0.25 onzas.

A medida que el bebé crece, sus rasgos siguen desarrollándose. En esta semana, la cabeza del bebé sigue siendo muy grande en comparación con el resto del cuerpo; de hecho, en esta etapa representa aproximadamente la mitad del tamaño del cuerpo. Si aún no lo has comunicado, es en este momento cuando querrás empezar a hablar a tus amigos y familiares de tu futuro pequeño.

El crecimiento de tu bebé

En este momento, a tu bebé le empieza a crecer pelo, no sólo en la cabeza, sino en todo el cuerpo. Esto es una preparación para cuando nazca: el pelo le ayudará a mantener el calor frente a las fluctuaciones extremas de temperatura que se producen al pasar del interior de su madre al mundo exterior (no te preocupes, todo se caerá después del nacimiento: tu bebé no se parecerá a Lobezno).

También empiezan a formarse las uñas de las manos y los pies de tu bebé. Hacia el final del embarazo, al bebé le empezarán a crecer sus primeras uñas completas, incluso mientras está en el útero. Si es una niña, los ovarios empiezan a desarrollarse ahora. El bebé ya tiene lengua, paladar en la boca y pezones.

Algo sorprendente para los padres es saber que su bebé está haciendo todo tipo de gimnasia dentro del cuerpo de su madre: ¡rodando, estirando sus nuevas extremidades e incluso dando volteretas! Por suerte para tu pareja, es probable que estos movimientos sean demasiado débiles para sentirlos por ahora.

Lo que está viviendo ella

Las buenas noticias: Las náuseas matutinas comenzarán a desaparecer para la mayoría de las mujeres en este momento.

La mala noticia: La hinchazón y los gases son más frecuentes.

Esto se debe a que el cuerpo está adaptando su sistema digestivo para proporcionar el máximo de nutrientes tanto a la madre como al bebé. Aunque esto es beneficioso para el bebé, puede ser bastante desagradable para tu pareja.

Si a la creciente barriga del bebé se le añaden la hinchazón y los gases, es posible que a tu pareja no le quepan sus vaqueros favoritos. Así que, como siempre, el amor, la compasión y la comprensión son necesarios para apoyarla.

Lo que puedes hacer

Si notas que tu pareja embarazada se levanta a menudo en mitad de la noche, es posible que busques formas de ayudarla. Una de las cosas que puedes hacer es instalar unas luces nocturnas en el baño y en su camino. Asegúrate de despejar el camino (¡y mantenerlo despejado!) para ella, para que no se tropiece de camino al baño.

El embarazo es un momento increíble en la vida de una mujer. Como te estás dando cuenta, es probable que tu pareja se sienta mal en este momento, con todos los síntomas físicos y emocio-

nales que está experimentando. Una sesión de fotos del embarazo podría ser una distracción bienvenida de todo lo que está
pasando. Además, planear una revelación del embarazo a tus
amigos y familiares puede ser una actividad divertida para que
los dos hagan juntos.

SEMANA 12: HUESOS, UÑAS Y PIEL

Las uñas de las manos y de los pies y los huesos se desarrollan
rápidamente, y la mayor parte del cuerpo está ahora cubierta por
una fina capa de pelo.

- Tamaño del bebé: Una ciruela.
- Longitud del bebé: 2,13 pulgadas.
- Peso del bebé: 0.49 onzas.

A medida que se acerca el final del tercer mes, es posible que te
des cuenta de que empiezas a adoptar de forma natural un papel
más protector con tu pareja. Verla cada vez más embarazada y
ver los signos externos de la barriga del bebé puede hacerte
sentir especialmente paternal. Es natural, después de todo,
quieres a tu pareja incondicionalmente, pero hay algo en este
bebé que te hace sentir muy especial. A medida que tu pareja
avanza en su embarazo, asegúrate de disfrutar de sus últimas
semanas y meses como pareja ¡antes de que llegue el nuevo
miembro de la familia!

El crecimiento de tu bebé

A medida que tu bebé sigue creciendo, alcanza algunos hitos
importantes. Al final de esta semana, todos los órganos principales están en su sitio. Aunque todavía no están físicamente
maduros, su cuerpo se está preparando para el nacimiento y
estará ganando peso como un campeón, ¡y las semanas avanzan!

Los intestinos del bebé también se habrán retraído hacia el abdomen en este momento (ya que antes se agolpaban en el espacio umbilical), y la médula ósea también ha empezado a desarrollar los glóbulos blancos del bebé para protegerlo de las infecciones. También puede notar que el bebé empieza a moverse espontáneamente y que se inician ciertas acciones, como el reflejo de succión.

Lo que está viviendo ella

El primer trimestre está a punto de terminar y tu pareja debería empezar a sentirse un poco mejor. Aunque es posible que siga teniendo algunos síntomas, como indigestión y gases, probablemente serán mucho menos graves que antes. Siga ofreciéndole apoyo y comprensión mientras entra en las últimas semanas de su embarazo.

Sin embargo, no todo son buenas noticias. A medida que los niveles de progesterona siguen aumentando, pueden aparecer algunos síntomas nuevos. El principal suele ser el mareo. Como la progesterona hace su trabajo para aumentar el flujo sanguíneo hacia el bebé, a veces puede significar una reducción del flujo sanguíneo para tu pareja. Esto puede provocar mareos, especialmente si hace movimientos bruscos o se levanta rápidamente después de haber estado sentada o tumbada.

Lo que puedes hacer

Cuando tu ser querido sufre un mareo, hay algunas cosas que puedes hacer para ayudarla a sentirse más cómoda. En primer lugar, anímale a mantener la cabeza entre las rodillas y a respirar profundamente. Si lleva unos vaqueros un poco ajustados, puedes desabrochárselos durante un rato para aliviar la presión y favorecer el flujo sanguíneo. Dale algo de beber y de comer si le apetece. A veces, un dulce puede elevar sus niveles de azúcar en sangre y ayudarla a sentirse de nuevo normal.

Intenta que siga haciendo cosas divertidas. Llévala a comprar vestidos y tops bonitos y vaporosos que le hagan sentirse segura y guapa. La industria de la moda ha avanzado mucho en los últimos años, y hay muchas opciones de ropa premamá. Consigue ropa que la haga sentirse guapa y lo suficientemente segura de sí misma como para lucir su barriga.

SEMANA 13: DESARROLLO VOCAL

Las cuerdas vocales de tu bebé comienzan a desarrollarse.

- Tamaño del bebé: Un limón Meyer.
- Longitud del bebé: 2,91 pulgadas.
- Peso del bebé: 0.81 onzas.

¡Ya está aquí! ¡Por fin está aquí! No, no el bebé: ¡el final del primer trimestre!

Esto no sólo significa una reducción de la mayoría de los síntomas más horribles del embarazo, sino también una enorme disminución del riesgo de aborto. Junto con esta buena noticia, su barriga es cada vez más difícil de ocultar, incluso con ropa holgada, así que si todavía no se lo has dicho a la gente, pronto empezarán a preguntártelo.

El crecimiento de tu bebé

Tu futuro hijo tiene actualmente el tamaño de un limón. Sigue siendo bastante pequeño (para los estándares humanos, en cualquier caso), pero sus proporciones están empezando a igualarse. Su cabeza ha pasado de ser la mitad de la longitud del cuerpo a un tercio. Tu pequeño ya tiene incluso sus propias huellas dactilares.

Además, durante esta semana, tu bebé empezará a desarrollar sus cuerdas vocales, lo que le resultará muy útil cuando tenga que recordarte que te quedes despierto toda la noche para alimentarlo y calmarlo (y también por los simpáticos balbuceos que hará cuando juegues con él, claro).

La placenta está creciendo y pronto asumirá toda la función de alimentar al feto. Esto significa que tu bebé recibirá todos los nutrientes que necesita para crecer y desarrollarse. Así que asegúrate de que tu pareja se alimenta de forma saludable y toma sus vitaminas.

Lo que está viviendo ella

La agitación emocional continuará (¡gracias, hormonas!), y es probable que esto se vea agravado por la hinchazón y el estreñimiento que la aquejan.

Además, en este momento, es posible que aumente el flujo vaginal. Esto es totalmente normal, siempre que el flujo sea incoloro o lechoso e inodoro. Si no lo es, merece la pena ponerse en contacto con tu proveedor de atención sanitaria para que te haga una revisión rápida. Además, los pechos de tu pareja se están preparando para la lactancia produciendo calostro.

El resultado de todo esto es que el cansancio de tu pareja debería ir disminuyendo y, poco a poco, irá recuperando sus anteriores niveles de energía. Sea como fuere, es importante recordar que la actividad física extenuante, especialmente el levantamiento de objetos pesados, sigue estando prohibida.

Lo que puedes hacer

Vigila más tus planes de comidas y el tamaño de las porciones. Lo ideal en esta etapa es "poco y a menudo" en lugar de las 3 "comidas grandes" habituales al día. Verás que esto le aliviará un poco la indigestión y el estreñimiento. En la medida de lo posible, procura incluir la mayor cantidad de fibra posible, por ejemplo, frutas sin pelar.

Aparte de eso, asegúrate de que tenga un tiempo para sí misma en el que pueda relajarse y desestresarse.

Datación

Prepárate para darle un nuevo significado a la palabra "datación", porque estás a punto de experimentarla de una forma totalmente nueva con tu embarazo. La prueba de datación es una prueba de ultrasonido que puede ayudar a determinar el estado de su embarazo. La mayoría de los médicos recomiendan realizarla entre las semanas 10 y 14 del embarazo.

La prueba de datación es una de las muchas que pueden utilizarse para identificar anomalías cromosómicas. La exploración en sí sólo suele durar unos 20 minutos, y lo único que necesita tu pareja para participar es tener la vejiga llena.

Las pruebas prenatales son una parte importante de cualquier embarazo. Hay varios tipos de pruebas disponibles, como las pruebas prenatales no invasivas (NIPT) y el muestreo de vellosidades coriónicas (CVS). La NIPT es muy precisa para detectar los casos de síndrome de Down (casi el 99%), mientras que la CVS puede detectar otros defectos como hemofilia, espina bífida, distrofia muscular, etc. Los resultados de estas pruebas tardan un par de semanas en llegar.

SEGUNDO TRIMESTRE

PROGRESANDO

CAPÍTULO 4
MES 4

ÓRGANOS EN CRECIMIENTO, HIPO Y SALTOS MORTALES

¡Ding ding! ¡Es la segunda ronda!

¡Bienvenido al segundo trimestre! El período de 3 meses de embarazo en el que tu pareja probablemente tendrá más facilidad para hacer las cosas. A medida que los síntomas emocionales y físicos del embarazo se hacen más llevaderos,  tu pareja probablemente tendrá más tiempo (y energía) para pensar en las cosas divertidas que conlleva tener un bebé, cosas como ir de compras para el bebé o incluso planificar cómo será la habitación del bebé.

Muchos padres deciden no averiguar el sexo de su bebé antes de que nazca, pero si tienes curiosidad, no hay nada malo en averiguarlo. Y si lo haces, puedes celebrar una fiesta de revelación del sexo con tus amigos y familiares.

El progreso semana a semana

Elaborar un plan de parto puede ser muy estresante, pero no tiene por qué serlo. Esta semana, tómate un tiempo para hablar de los detalles de tu plan con tu pareja y decidir qué es lo mejor para ti. Revisa las diferentes opciones de parto mencionadas anteriormente y elige la que te resulte más cómoda.

SEMANA 14: ÓRGANOS

Ahora que todos sus órganos internos se han formado, seguirán creciendo hasta el nacimiento.

- Tamaño de bebé: Un Melocotón.
- Longitud del bebé: 3,42 pulgadas.
- Peso del bebé: 1,52 onzas.

A estas alturas, probablemente ya habrás contado a tus amigos y familiares que están embarazados. Es un momento muy emocionante y, en general, la gente estará muy emocionada por ti. Precisamente porque están emocionados por ti, te ofrecerán muchos consejos (no solicitados). Esto en sí mismo puede ser abrumador, pero recuerda que no hay dos padres iguales. Seguro que cuando tu tía te diga por qué " *comer marisco durante el embarazo es perfectamente seguro. Yo lo hice cuando estaba embarazada de Bob, ¡y salió bien!*", o tu primo insiste en que si *piensas* en entrenar a tu hijo para dormir, eres una persona terrible, recuerda que no tienes que escuchar nada de eso. Puedes elegir lo que creas que es útil y hacer caso omiso del resto. Es tu hijo, así que sólo tú (y tu pareja) pueden decidir cómo cuidarlo.

El crecimiento de tu bebé

Esta semana, tu bebé está creciendo mucho y fuerte. Le está saliendo lanugo (pelo fino) por todo el cuerpo y cada vez se mueve mejor. No pierdas de vista esos movimientos bruscos: empiezan a ser más coordinados. A medida que tu pequeño crezca, aprenderá nuevas posiciones y estiramientos. Sigue así, mamá.

El cuerpo del bebé crece más cada día, y las proporciones se van igualando a medida que aumenta su longitud. El cuello que sostendrá la cabeza del bebé ha empezado a desarrollarse, y los riñones también han adoptado sus posiciones funcionales.

Lo que está viviendo ella

Desgraciadamente, las pruebas, los pinchazos y las consultas no terminan en el primer trimestre. El segundo trimestre trae consigo un montón de citas médicas más, ya que aspectos como el aumento de peso, la presión arterial y el desarrollo general del feto son cada vez más importantes de controlar.

La semana 14 también trae consigo algunos nuevos síntomas de embarazo (no creías que ya habías salido de dudas, ¿verdad?). Cosas como el dolor del ligamento redondo (calambres persistentes en el útero) y la acidez estomacal pueden aparecer o intensificarse en este momento. Como siempre, apóyala en todo lo que puedas y recuérdale que es increíble.

En este punto suele aparecer el proceso de "anidación". Aquí es donde tu pareja tiene un impulso insaciable de dejar la casa al descubierto, y luego reorganizar todas las posesiones que tienen de una manera que "tenga sentido" y sea "mejor para el bebé". El único consejo que puedo dar en este momento es que te dejes llevar. Anidar es un poco como un tren desbocado: no hay nada que tú, como hombre, puedas hacer para detenerlo, así que simplemente no te preocupes por eso.

Lo que puedes hacer

Preparar la habitación del bebé puede ser una tarea desalentadora, pero definitivamente no es algo que tengas que hacer tú solo. Asegúrate de incorporar las ideas de tu pareja y haz que sea el "centro del bebé" durante los próximos meses.

También es un momento excelente para informarse sobre las políticas de permiso de paternidad en el trabajo. Esto incluye no sólo el periodo de tiempo justo después del nacimiento del bebé, sino también cosas como las citas prenatales con tu pareja. Si este tipo de cosas no son actualmente una opción en tu empresa, es un buen momento para planificar con antelación y ahorrar en tu permiso; así siempre tendrás algo de tiempo libre en el banco cuando más lo necesites.

SEMANA 15: ME GUSTA MOVER EL CUERPO

Los músculos de tu bebé se ejercitan ahora de forma regular. ¡Sentirás patadas, golpes e incluso saltos mortales!

- Tamaño del bebé: Una manzana.
- Longitud del bebé: 3,98 pulgadas.
- Peso del bebé: 2,47 onzas.

Esta semana está llena de acontecimientos emocionantes para los futuros padres. Lo más destacado es, sin duda, poder sentir los movimientos del bebé, aunque puede ser difícil distinguirlos de todas las demás actividades que se desarrollan en el abdomen.

El crecimiento de tu bebé

La mamá puede respirar un poco más tranquila en este momento porque tu bebé acaba de empezar a respirar por sí mismo. Sus pulmones se están fortaleciendo y, aunque todavía no son funcionales al 100%, pueden asumir la responsabilidad de respirar en esta etapa.

Tu bebé está creciendo rápidamente. En este momento, es tan grande como una pera, y su piel empezará a volverse opaca a medida que avancen las semanas. Si te asomaras a su interior ahora mismo, podrías ver los vasos sanguíneos, los órganos y los huesos en desarrollo.

Las papilas gustativas también se están desarrollando esta semana, lo que es estupendo para ellos, pero al mismo tiempo hace que sea imposible alimentarlos con algo sano en los próximos años... ¡Pero podemos cruzar ese puente cuando lleguemos a él!

Lo que está viviendo ella

¡El cerebro del embarazo no es ninguna broma! A tu pareja se le irán las cosas de las manos todo el tiempo y probablemente dirá algo parecido a "¡Creo que me estoy volviendo loca!". La buena noticia es que (probablemente) no se está volviendo loca: ¡sólo son esas molestas hormonas que vuelven a actuar!

Hablando de hormonas, además del cerebro del embarazo y de las continuas molestias digestivas, es probable que experimente algunos problemas nuevos, en concreto, problemas bucales (como el sangrado de las encías y el dolor de boca en general), y el efecto de Braxton Hicks.

Los Braxton Hicks pueden ser bastante abrumadores cuando se experimentan por primera vez. Recuerdo el pánico que sentí cuando mi mujer tuvo su primera contracción. Aunque conocíamos estas contracciones de antemano, no pudimos evitar hacer una llamada de pánico al médico. Estas falsas alarmas son la forma que tiene el cuerpo de prepararse para el día D. Al principio, es probable que sean indoloras, pero probablemente aumentarán de intensidad a medida que se acerque el parto.

Lo que puedes hacer

Cuando ella se sienta confusa y ansiosa por culpa de su cerebro de embarazada, te corresponde a ti ser su roca. Sé la persona en la que puede confiar para abrazarla y decirle que todo va a ir bien.

Dale espacio para que explique cómo se siente y exprese sus miedos y dudas. Luego, dale consuelo, apoyo y amor. Pueden superar esto - juntos.

SEMANA 16: CERRAR EL PUÑO

En la semana 16, tu bebé es capaz de cerrar el puño e incluso de chuparse el dedo por primera vez.

- Tamaño del bebé: Un aguacate.
- Longitud del bebé: 4,57 pulgadas.
- Peso del bebé: 3,53 onzas.

A medida que avanza el embarazo de tu pareja, te encontrarás con que cada vez más personas te ofrecen consejos no solicitados (y frotaciones de vientre no solicitadas). Es importante que hables con tu pareja sobre lo que le resulta cómodo y lo que le incomoda. Esto ayudará a establecer límites para quienes quieran ofrecer su ayuda y consejo.

El crecimiento de tu bebé

El bebé tiene ahora el tamaño de un aguacate y ha empezado a responder a la luz y a moverse. Sus ojos pueden moverse de un lado a otro.

Esta semana también está trabajando en el crecimiento de sus huesos, la formación de su cuero cabelludo y la mejora de su audición. Sigue hablándole a tu pequeño: ¡cada día empieza a entender más!

Lo que está viviendo ella

Su útero es ahora del tamaño de una papaya. No sé si alguna vez te has parado a apreciar lo grande que es una papaya, pero es bastante grande, y tu pareja tiene una de esas metidas dentro de ella - es tan cómodo como parece. Además, ¡los movimientos del bebé son cada vez más frecuentes!

Aumentar de peso durante el embarazo puede ser un poco desalentador para algunas mujeres, pero si se presta atención a comer los alimentos adecuados, los kilos desaparecerán después del parto. Así que no te preocupes, futura mamá, ¡no es permanente!

Uno de los grandes aspectos positivos de la semana 16 es que tu pareja probablemente sea capaz de manejar sus emociones mucho mejor que en las semanas anteriores. Hay menos cambios de humor, y es mucho menos probable que la encuentres llorando en el baño porque has cambiado de sitio el bote de la merienda. Unas emociones más estables significan que ella también estará mejor preparada para afrontar los cambios en su propio cuerpo.

Lo que puedes hacer

Dile que es increíble. Dile que es hermosa. Dile que te asombra lo que está haciendo y lo bien que lo está afrontando. Los elogios sinceros y el apoyo son algunas de las cosas más valiosas que puedes dar en cualquier etapa del embarazo.

Además, querrás asegurarte de que sus calorías proceden de fuentes de alta calidad y no de aperitivos, etc. Esto no significa que tenga que estar a "dieta", pero ayudarle a tomar decisiones saludables tendrá un profundo impacto en su salud y en la del bebé.

A medida que el útero de la mujer embarazada crece, su espalda se va tensando cada vez más. Un masaje prenatal puede ayudar a aliviar la tensión de sus músculos. El yoga o pilates también pueden ayudar a aliviar el dolor de espalda.

Además, si aún no se ha hecho las pruebas genéticas, es un buen momento para prepararse para una "exploración cuádruple".

Asegúrate de crear un registro de bebés a través del cual tus seres queridos puedan regalarte cosas que te resulten útiles cuando llegue el bebé. Añade a tu lista artículos como una cuna, un cochecito, una silla de seguridad para el coche, pañales, mantas, un vigilabebés y toneladas de ropa de bebé.

SEMANA 17: HIPO

Tu bebé ha tenido hipo durante un tiempo, pero esta es la primera semana en la que realmente podrás sentirlo.

- Tamaño del bebé: Una Pera.
- Longitud del bebé: 5,12 pulgadas.
- Peso del bebé: 4,94 onzas.

Con todos sus rasgos en su sitio y en proporción, ¡tu bebé se parece cada día más a un pequeño humano! Esta semana, se están centrando en aumentar sus depósitos de grasa y están empezando a responder a los sonidos de fuera del útero.

El crecimiento de tu bebé

A medida que el bebé sigue creciendo, también lo hacen sus necesidades de alimentación. Esto puede verse en el continuo fortalecimiento del cordón umbilical, que lleva el principal suministro de nutrición al bebé desde la madre. Esta semana, utilizarán esta nutrición principalmente para crecer y reemplazar el cartílago.

También tendrán glándulas sudoríparas en este momento y estarán ocupados practicando sus reflejos de succión y deglución en preparación para alimentarse cuando nazcan.

Lo que está viviendo ella

En la semana 17 aumentará la sensibilidad a los alérgenos. Esto puede provocar desde un aumento de la congestión nasal hasta el sangrado de la nariz. Puede parecer un poco horripilante, pero no hay que preocuparse. Es simplemente una señal de que su cuerpo está haciendo circular más sangre de lo normal. También puede notar un aumento de los ronquidos. Aunque nunca haya roncado antes, es posible que lo notes en esta etapa.

A medida que el vientre de tu pareja crece, puede que le resulte más difícil moverse. También puede tener estrías como recuerdo del embarazo. Aunque a muchas mujeres les resultan bastante molestas, procurar que el aumento de peso sea gradual y no en ráfagas puede ayudar a mantener las estrías al mínimo.

Desgraciadamente, a partir de este momento los dolores de espalda serán cada vez más intensos. En algunos casos, esto se convierte en ciática (dolor agudo y punzante en la espalda). También puede experimentar una afección conocida como "artritis gestacional", que puede provocar entumecimiento y dolores articulares. Esto tiende a ser prominente en las articulaciones de las rodillas, ya que la presión añadida sobre la columna vertebral puede provocar espasmos musculares o entumecimiento en las piernas.

Para aliviar el dolor y la rigidez de las articulaciones, tu pareja puede intentar:

- Usar compresas calientes y frías en sus articulaciones
- Descansar lo más a menudo posible, especialmente las articulaciones de las rodillas
- Ir un paso más allá y elevar los pies para reducir la tensión en las rodillas y los tobillos
- Dormir lo máximo posible
- Practicar técnicas de respiración profunda y/o meditación para relajarse
- Evitar los tacones altos. El tacón elevado aumentará la presión sobre las rodillas y los tobillos

Lo que puedes hacer

A medida que su piel se estira para hacer sitio al bebé en crecimiento, tu pareja puede desarrollar afecciones cutáneas como sequedad o sarpullidos. Incluso los lunares temporales no son infrecuentes. Para evitarlos, asegúrate de aplicar aceite de coco y protector solar.

También es importante que te asegures de que comes muchos alimentos ricos en calcio para que el bebé tenga suficiente calcio para la osificación de sus huesos.

El cerebro del embarazo está en pleno apogeo, así que ten paciencia con tu pareja porque pierde casi todo lo posible: el teléfono, las llaves, el bolso... lo que sea, y a estas alturas, probablemente lo haya extraviado al menos una vez. Esto puede resultar increíblemente frustrante cuando se trata de salir corriendo de casa para ir a una cita. Para ayudar a minimizar los retrasos o la pérdida de citas, puede empezar a planificar estos retrasos en su tiempo de "preparación" intentando salir un poco antes de lo necesario.

Y como por arte de magia, ¡el cuarto mes de embarazo ha terminado! Es hora de empezar a pensar en las clases de preparación al parto para ti y tu pareja.

CAPÍTULO 5
MES 5
RESPIRA TRANQUILO

La cuenta atrás para la llegada del bebé está en marcha. A medida que el pequeño empieza a reaccionar a los sonidos, tu pareja puede sentirse más conectada con el embarazo: ¡es más real que nunca! Para ti, probablemente será una experiencia muy especial ver a tu hijo moverse.

El progreso semana a semana

Este mes, los horarios de sueño y vigilia de tu bebé empezarán a ser más predecibles. Verás que tu pequeño está más activo cuando tú intentas descansar, pero no te preocupes: al final del mes, las cosas se habrán asentado en una rutina.

SEMANA 18: HUELLAS DACTILARES

Sus pequeños dedos tienen sus propias huellas dactilares.

- Tamaño del bebé Una batata.

- Longitud del bebé: 5,59 pulgadas.
- Peso del bebé: 6.70 onzas.

Las ecografías de este mes son aún más emocionantes: ¡probablemente verás al bebé bostezar y tener hipo!

El crecimiento de tu bebé

A medida que avanza el segundo trimestre, empezarás a ver más y más cambios en el cuerpo de tu bebé. En el caso de las niñas, uno de los cambios más notables es el desarrollo del aparato reproductor. Esto incluye la formación de las trompas de Falopio, que son esenciales para llevar al bebé a término. Y en el caso de los niños, el pene y los testículos se desarrollan y maduran.

A medida que el sistema nervioso del bebé se desarrolla rápidamente, los nervios que comenzaron a formarse hace semanas se están mielinizando. Esto significa que se están cubriendo con vainas de una sustancia grasa especial que permite que las señales neuronales se envíen con rapidez y eficacia.

Es en este momento cuando los oídos de tu bebé alcanzan su forma definitiva y su capacidad auditiva comienza a manifestarse. Ahora pueden reaccionar a los estímulos sonoros externos y captar los sonidos internos, como el hipo de la madre o los gruñidos del estómago.

Lo que está viviendo ella

Aunque todavía tenga ataques ocasionales de mareos, flatulencias y reflujo ácido, tendrá más energía y probablemente parecerá más feliz en general, ya que su fatiga debería haber desaparecido un poco. Habrá días buenos y malos, por supuesto, pero en general su pareja debería sentirse mejor a medida que avanzan los días.

Dicho esto, es posible que en esta época experimente nuevos síntomas como edemas (pies y tobillos hinchados) y "charley horse" (espasmos intensos). También notará la rápida aparición de estrías.

Lo que puedes hacer

A medida que aumentan las necesidades nutricionales de tu pareja, es posible que tengas que ponerte el gorro de cocinero más de lo habitual para asegurarte de que se alimenta de forma saludable. Además, querrás asegurarte de que no sufre dolores articulares dándole un masaje en los pies antes de acostarse.

Si puedes animarla a que haga unos ligeros estiramientos de las piernas y los pies, es probable que se reduzca el número de espasmos en las pantorrillas que probablemente ha estado teniendo en mitad de la noche.

SEMANA 19: PIERNAS LARGAS Y GOLPES DE TRIPA

Sus piernas son ahora más largas que sus brazos, y empezarán a saludarte a intervalos regulares.

- Tamaño del bebé: Un Mango.
- Longitud del bebé: 6,02 pulgadas.
- Peso del bebé: 8,47 onzas.

Esta semana, tu pequeño puede dar un estirón y crecer de golpe. Estate atento a estos brotes de crecimiento: se verán incluso cuando el bebé llegue y entre en la primera infancia.

El crecimiento de tu bebé

En la semana 19, tu bebé mide casi 15 centímetros (más o menos el tamaño de un mango) y se está poniendo cómodo en el útero. Está más proporcionado que nunca, con las piernas más largas que los brazos, y se parece cada vez más a un recién nacido. Además de seguir mejorando sus reflejos, el bebé también empieza a desarrollar una capa grasa en su piel conocida como "vérnix caseosa".

¿Por qué desarrolla tu bebé una capa grasa en la piel? Pues bien, piensa en la última vez que lavaste los platos o te pusiste a remojo en la bañera. ¿Recuerdas cómo se te arrugó la piel de los dedos? Ahora imagina que dejas tus manos en la bañera durante varios *meses*. Nada agradable, ¿verdad?

Por eso tu bebé tiene una capa aceitosa en la piel para repeler el líquido y mantener la piel segura y suave. También es una gran barrera contra las infecciones mientras está en el útero.

Lo que está viviendo ella

A medida que el bebé sigue creciendo, es probable que el apetito de la madre también aumente. Junto con los síntomas anteriores, puede experimentar un aumento de los dolores de espalda, espasmos musculares y dolor de ligamentos redondos.

Lo que puedes hacer

Los estudios han demostrado que, durante el embarazo, los padres tienden a tener niveles de testosterona y estradiol más bajos de lo normal. En realidad, esto es algo bueno, ya que es la forma que tiene tu cuerpo de sintonizar con el embarazo y sincronizarse con tu pareja. Dicho esto, es importante recordar que también debes cuidarte. Intenta mantener unos hábitos alimentarios saludables, hacer ejercicio y descansar mucho (siempre que sea posible).

En cuanto a tu pareja, asegúrate de tener la despensa bien abastecida para poder ayudarla siempre que le asalte el hambre. También querrás tener a mano un par de zapatos cómodos. Los zapatos de tacón, las botas o las cuñas deben pasar a un segundo plano por un tiempo.

Sí, quedan muy bien, pero dado que su sentido del equilibrio se ve afectado en esta fase del embarazo, junto con su creciente barriga y su constante dolor de espalda, los zapatos planos son la mejor y más segura opción.

SEMANA 20: PELO, PELO (POR TODAS PARTES)

A estas alturas, tu bebé tendrá las cejas finas y puede que incluso le salga algo de pelo en la cabeza.

- Tamaño del bebé: Un plátano.
- Longitud del bebé: 6,46 pulgadas.
- Peso del bebé: 10.58 onzas.

Esta semana es una gran semana - no en términos de cambios para el bebé, sino porque has pasado oficialmente la mitad del camino. Anímate y date una palmadita en la espalda (y a tu pareja). Han pasado por mucho para llegar hasta aquí, así que permítanse una buena cena o una cita para celebrarlo.

El crecimiento de tu bebé

A medida que tu bebé crezca, seguirá acercándose más y más a su apariencia humana. Esta semana, tendrá el tamaño de un plátano. Además de su crecimiento, el desarrollo del género también continúa. Si es una niña, su útero se está desarrollando y ya ha almacenado en sus ovarios los óvulos de toda una vida. En el caso de los niños, los testículos que aparecieron antes siguen creciendo y bajando hacia el escroto. Este proceso aún está en curso, por lo que el escroto aún no está completamente desarrollado.

Lo que está viviendo ella

Esta semana es un momento interesante del embarazo. La acidez y los gases habituales continuarán, pero es probable que tenga un deseo sexual especialmente elevado en esta época. Estas dos cosas normalmente no se mezclan, pero oye, ¡esto es el embarazo, y nada tiene sentido!

Mientras su vientre sigue creciendo, también se está volviendo más y más redondo. Su abdomen se estirará para que quepa el útero en crecimiento, y su ombligo podría salirse. NO TE ASUSTES: esto es totalmente normal y el ombligo volverá a su sitio cuando nazca el bebé.

Lo que puedes hacer

¿Estás emocionado por tu exploración anatómica de las 20 semanas? Es un momento clave para controlar el crecimiento de tu bebé, así que asegúrate de acudir a tus citas y seguir todas las instrucciones que te dé tu médico.

A medida que se acerca la fecha del parto, puede ser un buen momento para empezar a pensar en nombres para tu bebé. Si ya conoces el género, es un poco más fácil, pero si no, puedes elaborar una lista con tus favoritos para cada género. No te preocupes; no tienes que decidirte por uno en este momento y cualquiera de los dos puede vetar un nombre que no le guste.

Dato curioso: elegir un nombre para el bebé puede llevar más tiempo del que crees, así que si empiezas en este punto intermedio tendrás mucho tiempo para resolverlo.

SEMANA 21: TOCAR-SENTIR

En la semana 21, tu bebé será capaz de responder al tacto. Si presionas el vientre de tu pareja, tu bebé se apartará o empujará hacia atrás.

- Tamaño del bebé: Una zanahoria.
- Longitud del bebé: 10,51 pulgadas.
- Peso del bebé: 12.70 onzas.

Los movimientos del bebé son ahora gráciles y coordinados, con patadas y golpes fuertes y frecuentes.

El crecimiento de tu bebé

A medida que tu bebé sigue creciendo, ¡está cada vez más cerca de llegar a medir 30 centímetros! Aunque la placenta sigue siendo la principal fuente de nutrición, el bebé también está disfrutando del sabor del líquido amniótico. Esto significa que cualquier cosa que coma tu pareja en esta fase del embarazo será probablemente el sabor favorito de tu bebé una vez que haya nacido.

El aspecto de tu bebé está cambiando día a día. Es probable que le hayan aparecido las cejas en la cara. Hasta este momento, el hígado y el bazo de tu bebé han estado trabajando duro para fabricar células sanguíneas, pero ahora su médula ósea está lo suficientemente madura como para empezar a colaborar también.

Lo que está viviendo ella

Con toda esta actividad que has visto últimamente en tu bebé, puede que te cueste creer que esté durmiendo del todo, pero el hecho es que, en esta etapa, tu bebé pasa casi tanto tiempo durmiendo como un recién nacido.

A medida que se desarrollan las papilas gustativas de tu bebé, tu pareja debe estar más atenta a los alimentos que come. El bebé aprenderá rápidamente los diferentes sabores, ya que el sabor del líquido amniótico cambia constantemente en función de la dieta de tu pareja.

Es en este momento cuando tu pareja puede experimentar una condición llamada "preeclampsia", ya que generalmente es específica de esta parte del embarazo. Tu pareja puede experimentar un aumento de la tensión arterial e incluso signos de tensión en varios órganos como los riñones y el hígado. Si notas alguno de estos signos, lo mejor es que hables con un médico. En la mayoría de los casos, no hay nada de qué preocuparse y se resolverá por sí solo durante el embarazo o poco después de que nazca el bebé.

Lo que puedes hacer

Los pequeños gestos hacen mucho. Aunque sea algo tan sencillo como mantener sus pies elevados mientras ve la televisión, esto reducirá la hinchazón de sus tobillos y aliviará algo de dolor y presión. Además, no dejes de recordarle que es increíble y que estás muy orgulloso de ella.

Si sientes que te has perdido los movimientos de tu bebé últimamente, una de las mejores cosas que puedes hacer es ayudar a tu pareja a relajarse. Si la mamá está relajada, es más probable que el bebé se contonee.

SEMANA 22: RESPIRAR HONDO

Los pulmones de tu bebé se están desarrollando rápidamente y han empezado a fabricar "surfactante", un tipo especial de proteína que le ayudará a respirar de forma autónoma cuando nazca.

- Tamaño del bebé: Una Papaya.
- Longitud del bebé: 10,94 pulgadas.
- Peso del bebé: 15.17 onzas.

La semana 22 es otro hito para tu hijo por nacer. En este punto, son básicamente una versión delgada del bebé que va a nacer; a partir de este momento, sólo necesitan engordar un poco. Esto es importante porque, a partir de este momento, si se produjera un parto prematuro, es cada vez más probable que sea capaz de soportarlo.

El crecimiento de tu bebé

A medida que el bebé siga creciendo, empezará a experimentar con su mayor sentido del tacto. Se agarrará y tirará del cordón umbilical, lo cual es importante no sólo porque el bebé está desarrollando y perfeccionando sus reflejos motores, sino también por el desarrollo cerebral resultante que lleva a estos cambios de movimiento.

Aunque los ojos de tu bebé están actualmente cerrados, todavía puede percibir la diferencia entre la luz y la oscuridad. Si quieres ver esto en acción, puedes probar a iluminar con una linterna el vientre de tu pareja y ver cómo el bebé se mueve en respuesta.

También te darás cuenta de que el bebé responde cada vez más a los sonidos, y que cualquier ruido fuerte provoca movimientos dentro del útero.

Lo que está viviendo ella

A medida que sus pies aumentan de tamaño, tu pareja puede sentirse como Pie Grande. Esto se debe a que la hormona "relaxina" está aflojando los vasos sanguíneos de los músculos, huesos y ligamentos, incluidos los de los pies. Aunque esto es totalmente normal y no permanente, puede resultar un poco incómodo. Los efectos de la relaxina tienden a durar hasta que termina el embarazo.

A medida que su vientre crezca, le resultará cada vez más difícil encontrar una posición cómoda para dormir, lo que podría provocar cierta irritabilidad. Además, podría notar alguna pigmentación adicional en su piel, siendo una línea oscura en el centro de su vientre el ejemplo más común.

Lo que puedes hacer

El embarazo puede ser una época difícil, especialmente cuando se trata de dormir bien por la noche. Una almohada para embarazadas puede ayudar a hacer las cosas un poco más cómodas y permitirle obtener el descanso que necesita. Si tiene previsto dar el pecho, recuérdale la importancia de los sujetadores de lactancia y de las camisetas que facilitan la lactancia en público. Un sacaleches también puede ser útil.

CAPÍTULO 6
MES 6

LA MENTE SOBRE LA MATERIA

Estás en la recta final del embarazo de tu pareja: ¡sólo faltan tres meses! Este mes empezará a notarse realmente y probablemente se sentirá más cansada. Prepárate para hacer más cosas en casa y ayúdale a descansar más.

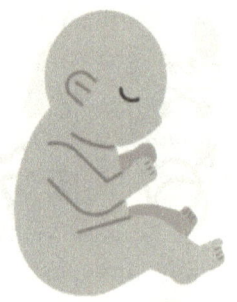

El progreso semana a semana

En este mes de tu embarazo, el bebé está tachando algunos hitos importantes de la lista. Aunque pueda parecer que éste es sólo un mes de espera, es probable que tu pareja esté de buen humor la mayor parte del tiempo y, por tanto, éste puede ser el mejor momento para planificar la vida con un bebé. Vivir con un bebé no es lo mismo que vivir sin él. Parece una obviedad, pero son las cosas más pequeñas en las que ni siquiera has pensado las que importan mucho cuando tienes un bebé. Aunque no es necesario preparar la casa a prueba de bebés en esta etapa, es un buen momento para pensar en todos los demás aspectos de tu vida que cambiarán cuando llegue el bebé.

SEMANA 23: JUEGOS DE INGENIO

Su cerebro y su oído están más desarrollados esta semana, y empiezan a reconocer tu voz.

- Tamaño del bebé: Una berenjena.
- Longitud del bebé: 11,38 pulgadas.
- Peso del bebé: 1.10 libras.

¡Prepárate para un gran estirón en el sexto mes de embarazo! *"¡Pero si el bebé ha estado creciendo rápidamente todo este tiempo!"* te oigo decir. Pues bien, sí, pero en las próximas semanas empezará a crecer de verdad. Hasta este momento, todavía había mucho espacio para que creciera en el útero, pero a medida que el tamaño del bebé aumenta y el útero se estira hasta su límite, es posible que empiece a sentirse un poco estrecho.

El crecimiento de tu bebé

Tu bebé está creciendo a pasos agigantados. No sólo su piel se está haciendo más firme y suave debido a la grasa que se está desarrollando debajo, sino que sus vasos sanguíneos también se están desarrollando muy bien, dando un tono rosado a la piel de tu bebé. Pero el crecimiento de los vasos sanguíneos no se limita a la piel: también se están desarrollando en los pulmones para que tu bebé pueda respirar por sí mismo cuando nazca. Además, la placenta está haciendo su trabajo y proporcionando todos los nutrientes que tu bebé necesita para crecer grande y fuerte. ¡Sigue trabajando bien, mamá!

Lo que está viviendo ella

Dado que el espacio en el interior del cuerpo humano es limitado, el proceso de crecimiento de una persona adicional en el interior de una persona puede llevar a que las cosas se vuelvan un poco estrechas. En ese momento, el útero habrá crecido más que la vejiga, lo que puede provocar infecciones urinarias.

Hay cosas que se pueden hacer para reducir el riesgo de sufrir una infección urinaria, pero es probable que tu pareja esté constantemente pendiente de ello. Es posible que necesite orinar con más frecuencia o que sienta una sensación de ardor cuando lo haga.

Si tú o tu pareja notan algo extraño, como siempre, ponte en contacto con tu proveedor de asistencia sanitaria de inmediato para hablar de ello.

Con todos los síntomas existentes haciendo estragos en su espalda, pies, dientes y nariz, es posible que tu pareja ni siquiera se dé cuenta de que se le han hinchado las manos. No te preocupes. Esto es totalmente normal en esta época, ya que se produce un aumento general de líquidos a medida que el cuerpo trabaja para proteger al bebé. La hinchazón de las manos puede provocar una sensación de hormigueo en las muñecas, sobre todo si tu pareja utiliza el ordenador todo el día. También es posible que le apetezca comer de todo, lo cual también es totalmente normal. Recuerda que ahora come por dos.

Lo que puedes hacer

Cuando se trata de tener un bebé y trabajar, muchas mujeres sienten que tienen que elegir una cosa o la otra. Sin embargo, con un poco de planificación, puedes encontrar el mejor plan de acción para tu propia situación. Aquí tienes algunos consejos para empezar:

- Habla con tu pareja y con el departamento de recursos humanos de su oficina sobre el permiso de maternidad.
- Haz una lista de las cosas que puede hacer mientras está de baja para seguir en contacto con su trabajo (si es necesario).
- Comprende que este proceso conllevará cierta ansiedad. Es un gran paso dejar de trabajar, aunque sea

temporalmente. Asegúrate siempre de escuchar y ser comprensivo.

- Y, por último, recuérdale que siempre puede volver a su carrera después de que nazca el bebé. ¡No es una situación de uno u otro!

¿Recuerdas lo que dijimos sobre el aumento del riesgo de una ITU? Asegúrate de que bebe mucho líquido para evitarlo. Mantenerse hidratada también ayudará a mantener su volumen sanguíneo y el contenido de líquido amniótico en niveles máximos. Además, no olvides tener a mano tentempiés saludables como verduras, frutos secos y frutas para cuando tu pareja se convierta en un panda hambriento.

SEMANA 24: UN SOPLO DE AIRE FRESCO

Sus fosas nasales se abren ahora para "practicar la respiración"; realizarán los mismos movimientos de la respiración real, pero inhalarán líquido amniótico en lugar de aire.

- Tamaño del bebé: Una mazorca de maíz.
- Longitud del bebé: 11,81 pulgadas.
- Peso del bebé: 1.32 libras.

Esta semana será otra de las más ajetreadas para la madre, ya que experimentará algunos síntomas nuevos, pero esas pequeñas molestias palidecerán en comparación con las noticias positivas que trae esta semana: esta semana se anuncia la viabilidad del feto. En términos sencillos, esto significa que el niño por nacer ya tiene todos sus sistemas en funcionamiento y, en caso de necesidad, podría sobrevivir incluso si la madre se pone de parto antes de tiempo. Según las estadísticas, entre la mitad y las tres cuartas partes de los bebés que nacen en esta fase lo consiguen. Aunque el parto prematuro sigue siendo notoriamente imprevisible y estresante, cruzar este hito es, sin embargo, un gran alivio.

El crecimiento de tu bebé

Los próximos meses están dedicados a la fortificación de los sistemas orgánicos de tu bebé. El oído de tu bebé es ahora lo suficientemente fuerte como para percibir sonidos que reconocerá, incluso después del nacimiento. La deposición de grasa continúa, por lo que tu bebé seguirá creciendo en tamaño. ¡Sigue con el buen trabajo!

Lo que está viviendo ella

A medida que la fiesta de las hormonas de mamá se prolonga, empieza a sentir un mayor dolor de espalda, pies hinchados y conductos nasales congestionados. Pero eso es sólo el principio: pronto tendrá que enfrentarse al síndrome del túnel carpiano (¡divertido!). Por no hablar de que su útero está creciendo como un balón de fútbol, lo que hará que las tareas cotidianas sean un poco más difíciles. ¡Uf!

Lo que puedes hacer

En algún momento entre las semanas 24 y 28, tu médico puede recomendar una prueba de glucosa para comprobar si hay diabetes gestacional, que ya hemos mencionado. Si los resultados no están dentro de los márgenes, una rápida charla con tu médico sobre cómo hacer cambios en la dieta ayudará a que los niveles de azúcar de tu pareja vuelvan a la normalidad.

A medida que se acerca el día D, asegúrate de llevar todo lo esencial para cuando vayas al hospital. Si tu pareja se pone de parto de forma inesperada, estos artículos te serán muy útiles. Asegúrate de tener ropa cómoda, cargadores, algún entretenimiento descargado, compresas y mucho más. Básicamente, si crees que *puedes* necesitarlo, ¡mételo en la bolsa!

SEMANA 25: AGARRAR LA VIDA CON LAS DOS MANOS

Está desarrollando un agarre firme y puede llegar a agarrar el cordón umbilical. ¡También puede sacar la lengua!

- Tamaño del bebé: Una calabaza bellota.
- Longitud del bebé: 13,62 pulgadas.
- Peso del bebé: 1.46 libras.

El crecimiento de tu bebé

Tu bebé está creciendo muy rápido. En este momento, tu bebé tendrá el tamaño de una calabaza de bellota (aproximadamente 13 pulgadas de largo). La capa de grasa que hay debajo de su piel está creciendo y alisando su piel arrugada y translúcida.

En la semana 25, el desarrollo de los vasos sanguíneos y los capilares continúa a un ritmo constante. Los vasos bajo su piel y los de sus lumbares siguen creciendo, y aunque en este momento no podrían respirar por sí mismos, ¡ese día está cada vez más cerca!

El reflejo de "moro" o "sobresalto" es un importante mecanismo de supervivencia para los recién nacidos. Este reflejo les ayuda a mantenerse cerca de sus madres y aumenta sus posibilidades de supervivencia. Los bebés extienden los brazos cuando oyen ruidos fuertes, luego los recogen y lloran. Esto les ayuda a mantenerse a salvo y a alertar a su madre de cualquier amenaza potencial.

Lo que está viviendo ella

Su pareja experimentará la misma lista de síntomas a la que está acostumbrada. Si tiene varices, puede notar que empeoran en esta época. Es posible que se formen hemorroides, que pueden causar algo de dolor y sangrado. Sin embargo, todos estos síntomas se pueden controlar con unos cuantos ejercicios del suelo pélvico y una dieta rica en fibra.

¿Son síntomas en abundancia? Pues, ¿adivina qué? Hay más. Es posible que tu pareja esté experimentando una disfunción de la sínfisis del pubis, también conocida como dolor pélvico. Pero no te preocupes, no es tan aterrador como parece. La causa es que las articulaciones de la pelvis se desalinean debido a la relajación pélvica.

También podría estar experimentando el síndrome de las piernas inquietas, en el que tiene un fuerte deseo de mover las piernas. Esto podría ser importante porque podría estar relacionado con la deficiencia de hierro, pero como con cualquier cosa que le preocupe mínimamente, consulte siempre a su proveedor de atención médica para que le haga un chequeo para asegurarse.

Lo que puedes hacer

Llevar un diario de alimentos y animar a tu pareja a que tome notas en él puede ayudarlos a rastrear cualquier posible desencadenante de sus síntomas. También puedes animarla a mantener su programa de ejercicios, ya que esto puede ayudar a aliviar parte del dolor que puede estar sintiendo.

¿Lo haces, Doula?

Entonces, ¿qué es una doula y por qué debería considerar la posibilidad de contratarla? Una doula es una persona que apoya a tu pareja en el viaje emocional del parto, pero no tiene ninguna formación médica. En este sentido, no es lo mismo que una comadrona y, por lo tanto, no sustituye la necesidad de que un profesional médico cualificado (es decir, una comadrona) supervise tu embarazo.

Para lo que son útiles las doulas es para proporcionar apoyo emocional y orientación a ti y a tu pareja durante el embarazo, el parto y el periodo postnatal temprano. Esto puede ser muy beneficioso, ya que puede ayudar a garantizar que su pareja se sienta más segura y capaz de hacer frente a los desafíos que puede enfrentar durante este tiempo.

Las investigaciones sugieren que las madres que tienen doulas tienen más probabilidades de tener partos más tranquilos, así que si estás pensando en contratar una, ahora puede ser un buen momento para empezar a hablar de tus necesidades.

¿Qué más?

Pensar en todos los detalles de tu próximo parto puede ser mucho. Pero no te preocupes, estás en el buen camino.

Una de las cosas que debes tener en cuenta es cómo quieres que sea tu parto. ¿Prefieres un parto con o sin medicación? ¿Sabes en qué hospital o centro de maternidad te gustaría dar a luz? Todas estas son preguntas importantes que debes tener en cuenta.

SEMANA 26: AÚN MÁS PELO

Sus cejas y pestañas están bien definidas; además, esta semana tiene más pelo en la cabeza.

- Tamaño del bebé: Un calabacín.
- Longitud del bebé: 14,02 pulgadas.
- Peso del bebé: 1.68 libras.

El crecimiento de tu bebé

Hasta este momento, los ojos de tu bebé han estado cerrados. Pero ahora empiezan a formarse las pestañas y los ojos del bebé se abren poco a poco. Sin embargo, el iris aún no está pigmentado. Sus uñas también están creciendo, por lo que cuando el bebé nazca, es probable que tenga las uñas afiladas.

Junto con esto, los pulmones del bebé también se están fortaleciendo, y las posibilidades de que sobreviva aumentan enormemente con cada día que pasa. Los sentidos que ya han hecho su aparición siguen mejorando con el tiempo.

Además, sus pulmones siguen fortaleciéndose, y sus posibilidades de supervivencia aumentan exponencialmente día a día. Sus sentidos se desarrollan y se afinan cada día.

Lo que está viviendo ella

A medida que el cuerpo de tu pareja se prepara para dar a luz, es posible que empiece a experimentar contracciones de Braxton-Hicks. Estas contracciones son normales y son la forma que tiene el cuerpo de prepararse para el parto. Su vientre seguirá aumentando de tamaño (obviamente).

Como de la nada, tu pareja puede empezar a tener dificultades de visión. Puede sufrir visión borrosa y sequedad ocular, ya que las hormonas del embarazo disminuyen la producción de lágrimas. Los dolores de cabeza y las migrañas seguirán acosándola, pero a pesar de las molestias físicas, es probable que su pareja siga de buen humor.

Lo que puedes hacer

A medida que se acerca la fecha prevista para el nacimiento del bebé, esas molestas contracciones de Braxton Hicks pueden comenzar a sentirse cada vez más estresantes desde el punto de vista emocional. Esto se debe a que puede sentir que está entrando en un parto prematuro. Hablar con ella de sus ansiedades y preguntarle si hay algo que puedas hacer para ayudarla hará que se sienta escuchada y comprendida.

No olvides consultar a tu proveedor de atención médica si tu pareja tiene algún problema de visión. Hay una pequeña posibilidad de que estén relacionadas con la preeclampsia o la hipertensión, pero normalmente no hay que preocuparse.

SEMANA 27: EL FINAL DEL SEGUNDO TRIMESTRE

En este punto, pueden ser capaces de distinguir entre tu voz y la de tu pareja.

- Tamaño del bebé: Una coliflor
- Longitud del bebé: 14,41 pulgadas.
- Peso del bebé: 1.93 libras.

La semana 27 indica que has llegado a las dos terceras partes de tu embarazo. Tu pequeño ya puede reconocer voces individuales, así que si le has hablado a menudo, es más probable que se dirija a tu voz una vez que haya nacido.

El crecimiento de tu bebé

Esta semana trae más de lo mismo. Tu bebé puede distinguir no sólo las voces, sino también los distintos sabores. Así que, si alguna vez te sientes culpable por esa pinta de helado (o tres), no lo estés. Tu bebé sabe lo que hay, y seguro que lo agradece.

En esta semana, es posible que puedas oír los latidos del corazón del bebé presionando tu oído contra el vientre de la madre. Es una buena señal de que el bebé está sano y crece con fuerza. No hace falta un Doppler ni una ecografía, ni siquiera un estetoscopio: deberías poder oír los latidos del corazón con sólo presionar la oreja contra el vientre de la madre.

Lo que está viviendo ella

Es en esta época cuando tu pareja puede ver sarpullidos por el calor y potencialmente algún enrojecimiento en las palmas de las manos y en las plantas de los pies. Como es de esperar, suelen picar y ser molestas. Las molestias cutáneas en general pueden aumentar a medida que se acerca la fecha del parto.

Además de los picores en la piel y de todas las demás cosas con las que está lidiando, es probable que tu pareja tenga un empeoramiento de los síntomas cerebrales del embarazo, junto con otros dolores de túnel carpiano, de espalda y espasmos en las piernas.

Lo que puedes hacer

Si tú y tu pareja se inclinan por una doula, puede que sea el momento de pasar a la acción, entrevistando a las candidatas para encontrar a alguien que encaje perfectamente.

En cuanto a las erupciones y la piel roja, intenta aplicar compresas de hielo (o un paquete de guisantes congelados) en las zonas para reducir la hinchazón. También se pueden utilizar lociones específicas o aceite de coco para calmar la piel y reducir el picor.

Aunque el entrenamiento sigue siendo crucial, asegúrate de recordar a tu pareja que no debe hacer un esfuerzo excesivo. Mantenerse activa sigue siendo importante, así que intenta animar a tu pareja a que continúe con cualquier régimen de ejercicio que haya hecho, pero también a que no se esfuerce en exceso. Una buena forma de asegurarse de que no está haciendo un esfuerzo excesivo es pedirle que haga una "prueba de conversación": si no puede hablar mientras hace ejercicio, probablemente sea demasiado intenso para ella y para el bebé, por lo que debería aflojar un poco.

Y así, ¡ya estás en la recta final! ¡El mes que viene comienza el tercer y último trimestre!

PEDIDO DE AYUDA

"El que dijo que el dinero no puede comprar la felicidad no ha regalado lo suficiente."

DESCONOCIDO

Ayudar a los demás (sin esperar nada a cambio) conduce a una mayor felicidad, una vida más larga y un mayor éxito financiero. Quiero crear la oportunidad de entregarte este valor durante tu experiencia de lectura o escucha. Para ello, tengo una pregunta rápida para ti...

¿Ayudarías a alguien que nunca conocieras, aunque nunca recibieras crédito por ello si no te costara nada?

Si es así, tengo que hacer una pequeña "petición" en nombre de alguien que no conoces. Y probablemente, nunca lo harás.

Son como tú (o como eras tú hace poco): menos experimentados, tratando de averiguar cómo encajan, llenos de ganas de ayudar al mundo, buscando información pero sin saber dónde buscar....ahí es donde entras tú.

La única forma que tenemos los autores autopublicados de cumplir nuestra misión de ayudar a la gente es, primero, llegar a ella. Y como la mayoría de la gente juzga un libro por su portada (y sus reseñas), una reseña es una de las cosas más impactantes que puedes hacer para ayudar a correr la voz sobre este libro. Si ha encontrado este libro valioso hasta ahora, ¿podrías tomarte un breve momento ahora mismo y dejar una reseña honesta del libro y su contenido? Te costará cero dólares y menos de 60 segundos.

Tu reseña ayudará a...

...un padre primerizo más que lucha por entender cómo funciona el embarazo.
...que una pareja más viva una vida que le dé sentido.
...una persona más experimente una transformación que de otro modo nunca habría encontrado.
...una vida más cambiada a mejor.

Para ello... todo lo que tienes que hacer es... y esto llevará menos de 60 segundos... dejar una opinión.

PD - Si te sientes bien ayudando a un autor sin rostro, eres mi tipo de persona. Me hace mucha más ilusión ayudarte a machacarlo en los próximos capítulos (te encantarán las tácticas que voy a repasar).

Gracias de todo corazón. Ahora volvemos a nuestra programación habitual.

- Tu mayor admirador, Joey Nelson

TERCER TRIMESTRE

LA RECTA FINAL

CAPÍTULO 7
MES 7

ABRIR LOS OJOS Y REPOLLOS QUE PATEAN

¿Ya es el séptimo mes? Vaya, el tiempo vuela cuando te diviertes, ¿verdad?

Bueno, tal vez no sea divertido, pero ciertamente ha sido un viaje salvaje.

El hecho es que estás en la recta final. El séptimo mes significa que estás entrando en el tercer y último trimestre, y que la fecha de parto de tu bebé está más cerca que nunca.

El progreso semana a semana

En el capítulo anterior, hablamos de que las posibilidades de viabilidad y supervivencia del bebé se sitúan entre el 50 y el 75%. Al comienzo del tercer trimestre, la tasa de supervivencia de tu bebé aumentará hasta más del 95%, dependiendo de la semana en que nazca. Así que, aunque tú y tu pareja sientan una sensación de alivio al saber que las probabilidades están ahora a favor de su bebé, es sólo temporal. Pronto será sustituida por la ansiedad de asegurarse de que todo esté perfecto para cuando llegue el bebé. Pero no te preocupes: en los próximos capítulos trataremos todo lo que necesitas saber.

SEMANA 28: ¿POR QUÉ ME DUELEN LOS OJOS?

Tu bebé empezará a abrir los ojos y a parpadear.

- Tamaño del bebé: Una calabaza Kabocha.
- Longitud del bebé: 14,80 pulgadas.
- Peso del bebé: 2.22 libras

En la semana 28, tu bebé ya se estará preparando para el parto, colocándose en posición cabeza abajo. Esta posición es necesaria para que el parto se produzca sin problemas cuando llegue el momento.

El crecimiento de tu bebé

A estas alturas, todos los órganos están más o menos en su sitio y se ponen en marcha. El cerebro no es una excepción. Está creciendo a un ritmo asombroso, produciendo miles de millones de células nerviosas cada día.

Los pulmones también siguen desarrollándose y fortaleciéndose para prepararse para la vida fuera del útero. Es también en esta época cuando puedes notar que tu bebé empieza a mostrar signos de sueño con movimientos oculares rápidos (REM), que es cuando se producen la mayoría de los sueños.

El bebé también empieza a utilizar sus pestañas y párpados, abriéndolos y cerrándolos con regularidad.

Esta semana también marca el comienzo de que el bebé "haga muecas". Aunque no podrás verlo sin una ecografía, si pudieras observar a tu bebé por nacer, lo verías sacando la lengua como si te estuviera haciendo muecas. Aunque todavía no se sabe exactamente por qué los bebés hacen esto, lo más probable es que estén probando el líquido amniótico que les rodea.

Dado que tu bebé tiene ahora el tamaño aproximado de una berenjena y pesa más de 2 puntos, es increíble pensar que hace sólo unas semanas tenía el tamaño de la cabeza de un alfiler. Un pequeño paso para el bebé, un gran salto para la humanidad.

Lo que está viviendo ella

La queja más común de las madres en esta etapa del embarazo es el dolor de ciática. Esto se debe principalmente a que el bebé ejerce una mayor presión sobre el nervio ciático. A medida que el bebé sigue creciendo y moviéndose, es probable que empiece a presionar hacia arriba contra los pulmones de su mamá. Como es de esperar, la mamá no está muy contenta con esta situación, ya que se queda sin aliento con más frecuencia. Además, tu bebé ha estado practicando sus movimientos de kung-fu, y sus golpes y patadas son más fuertes que nunca.

Lo que puedes hacer

Tendrás que estar atento a la mayor frecuencia de las revisiones del tercer trimestre. Mientras que hasta ahora se programaban cada cuatro semanas, a partir de ahora se programarán cada dos semanas para poder controlar más de cerca las constantes vitales de la madre y del bebé. También es posible que se le recomiende a tu pareja que se haga una prueba de Rh que, en caso de ser negativa, puede requerir que se inyecte inmunoglobulina.

El yoga es una forma estupenda de apoyar el cuerpo de tu pareja. No sólo le ayuda a aliviar cualquier dolor o tensión que pueda sentir, sino que también le ayuda a mejorar su flexibilidad y fuerza en general. Además, es una forma estupenda de que los dos se unan y se relajen juntos. Si aún no lo has hecho, toma unos pantalones de yoga y empieza a apoyar su cuerpo cuando haga las posturas. No te arrepentirás.

Es importante que las mamás embarazadas se aseguren de consumir suficiente hierro a medida que avanza el tercer trimestre. Sin el hierro suficiente, no podrá producir suficientes glóbulos rojos, lo que puede provocar complicaciones como la anemia. Por suerte, hay muchos alimentos sabrosos y nutritivos con alto contenido en hierro, como las espinacas, los dátiles, los albaricoques secos y las frambuesas, entre otros. Así que asegúrate de añadirlos a tus comidas y tentempiés para ayudarla a mantener sus niveles de hierro.

SEMANA 29: GRASA - LA SOLUCIÓN DEFINITIVA CONTRA LAS ARRUGAS

Todavía tienen la piel arrugada, pero a medida que sus reservas de grasa se acumulan, se empiezan a rellenar.

- Tamaño del bebé: Una calabaza butternut.
- Longitud del bebé: 15,2 pulgadas.
- Peso del bebé: 2,54 libras.

A estas alturas, el bebé medio se acerca a las 16 pulgadas de largo y pesa entre 2,5 y 3 libras. Al igual que con cualquier otro acontecimiento importante de tu vida, deberás pensar en quién estará ahí para apoyarte. Esto incluye encontrar un pediatra que les guste a ti y a tu pareja y con el que se sientan cómodos. Tu bebé va a visitar mucho al médico durante su primer año, así que es importante tener una buena relación con él.

El crecimiento de tu bebé

A medida que tu bebé sigue creciendo, empieza a desarrollar su propia personalidad. Es en esta época cuando tu bebé empezará a sonreír mientras duerme, lo cual es obviamente muy bonito, pero también es probablemente una señal de que está expulsando gases. No pierdas de vista a tu pequeño y disfruta viendo cómo se convierte en su propia persona.

En la semana 29, los huesos del bebé se endurecen y los músculos se fortalecen. Es posible que ahora sientas con más intensidad los movimientos del bebé, que sigue creciendo y desarrollándose. La frente del bebé es desproporcionadamente grande en comparación con el resto de la cabeza, pero esto empezará a estabilizarse en las próximas semanas. La grasa sigue acumulándose bajo la piel, por lo que tu bebé empieza a tener un aspecto un poco gordito. Pero no te preocupes, esto forma parte del proceso.

Lo que está viviendo ella

Es de esperar que las contracciones de Braxton Hicks sean más frecuentes y fuertes a medida que se acerca el parto. Puede ser difícil distinguirlas de las contracciones reales, pero, como siempre, si tienes alguna duda, ponte en contacto con tu médico para que te aconseje.

Sus pechos también aumentarán de tamaño a medida que avance el embarazo, y es posible que pierda calostro en las primeras semanas. Los pezones también se volverán más oscuros y pronunciados.

Es importante saber que no todas las mujeres experimentan todos estos cambios, y que los pechos de algunas mujeres se reducen muy poco durante el embarazo. Pero si tienes curiosidad por saber qué esperar, ¡es bueno estar informado!

Lo que puedes hacer

Las frecuentes idas al baño van a ser un pilar del embarazo, así que acostúmbrate a ellas. Puedes ayudarla levantándote rápidamente por la noche para dejarla ir o acompañándola en su recorrido. Si siente que no puede llegar al baño a tiempo, es posible que dude en tomar algún líquido durante el día. Esto es una mala idea: tu pareja necesita beber mucha agua para mantenerse sana ella y el bebé. Intenta animarla a que beba lo suficiente a lo largo del día y sé comprensivo si tiene que correr mucho al baño.

Además, sus nuevas pérdidas de leche pueden causarle cierta vergüenza en lugares públicos, por lo que invertir en unos discos absorbentes puede ser una buena idea para evitarlo. Además, en la medida de lo posible, lleva un top o una blusa de repuesto cuando salgan para que ella tenga algo con lo que cambiarse en caso de que tenga pérdidas.

También es posible que notes que el síndrome de las piernas inquietas se acentúa durante este trimestre. Asegúrate de hacer que se levante y se mueva, aunque sea difícil. Y no olvides apuntarte a clases de preparación al parto. Pueden ayudarte a establecer una relación sólida con tu bebé.

SEMANA 30: TU PEQUEÑO REPOLLO QUE PATALEA

Tu bebé tiene ahora ciclos regulares de sueño y vigilia. Cada 30 o 90 minutos de sueño, se despertará y dará una pequeña patada para que sepas que está ahí.

- Tamaño del bebé: Un repollo.
- Longitud del bebé: 15,71 pulgadas.
- Peso del bebé: 2,91 libras.

Esta semana la barriga de tu pareja es aún más grande, ya que el bebé está ganando peso rápidamente. Desgraciadamente, las molestias que siente no han terminado y sólo empeorarán hasta que nazca el bebé.

El crecimiento de tu bebé

El cerebro de tu bebé está creciendo a gran velocidad. Las arrugas del cerebro se harán más profundas, y los surcos y fisuras proporcionarán más superficie para el crecimiento de las células cerebrales. A medida que la piel del bebé empieza a regular su temperatura, el fino vello (lanugo) que apareció al principio del embarazo empezará a desaparecer. Cuando el bebé nazca, la mayor parte de este vello habrá desaparecido. Incluso si no ha desaparecido todo para entonces, se desprenderá poco después. Otro gran hito es que la médula ósea de tu bebé ya produce sus propios glóbulos rojos.

Lo que está viviendo ella

Los ligamentos que se han ido aflojando poco a poco empiezan a relajarse aún más para preparar la llegada del bebé. Para algunas mujeres, esta es una semana estupenda: se sienten con energía y tienen muy pocos síntomas. Pero para la mayoría, esta semana trae consigo una serie de síntomas, como pechos sensibles, fatiga, cambios de humor y tobillos hinchados. ¡Aguanta! Ya casi ha terminado.

Lo que puedes hacer

¿Sabías que tu médico puede examinar a tu pareja para detectar una infección por estafilococo? Ésta puede transmitirse al bebé a través de la leche, así que es importante conocer los riesgos. El médico también podría recomendar una prueba de "recuento de patadas" para asegurarse de que las constantes vitales del bebé son buenas. Se trata de que la madre cuente el número de puñetazos, patadas, revolcones y otros movimientos que siente que hace el bebé durante unas horas. Si esta cifra es inferior a 10 durante dos horas, puede valer la pena llamar a tu proveedor de atención médica para hablar de ello y asegurarte de que todo sigue funcionando bien.

Este es el momento perfecto para hacer un estudio detallado de tu casa para ver qué necesita ser protegido por el bebé. Por ejemplo, los enchufes eléctricos, los productos químicos de limpieza, los objetos punzantes, etc., deben ser identificados y protegidos antes de la fecha del parto para evitar cualquier problema.

SEMANA 31: SUBIDA DE PESO

Tu bebé aumentará hasta medio kilo por semana hasta que nazca.

- Tamaño del bebé: Un puñado de puerros.
- Longitud del bebé: 16,18 pulgadas.
- Peso del bebé: 3,31 libras.

¡Ya casi lo tienes! Después de esta semana, ¡sólo quedan nueve semanas hasta la fecha prevista! Tómense un poco de tiempo para darse una palmadita en la espalda y apreciar realmente lo lejos que han llegado. Este es un buen momento para hacerlo, ya que dentro de unas semanas no tendrán tiempo libre para cosas divertidas como "apreciar su propio trabajo duro". Sólo recuerda cuando dijo por primera vez esas palabras: "Estoy embarazada".

Has recorrido un largo camino en cuanto a tu comprensión y tu experiencia del embarazo desde entonces. Aunque aún no hayas tenido físicamente a tu bebé en brazos, definitivamente eres padre, y ese es un viaje del que puedes estar orgulloso.

El crecimiento de tu bebé

Vale, dejen de felicitarse por un momento, ¡todavía queda trabajo por hacer!

En la semana 31, tu bebé está aumentando sus reservas de grasa y pesa entre 1 y 2 kilos. Su cerebro también se está fortaleciendo y sus sentidos mejoran día a día. Las patadas y los puñetazos son cada vez más fuertes y puede que incluso mantengan a tu pareja despierta por la noche. Los bebés de esta semana también empiezan a mover la cabeza de un lado a otro, adquiriendo un mayor control sobre sus músculos.

Lo que está viviendo ella

A estas alturas, es probable que tu pareja conozca bien las horas de siesta preferidas por el bebé y que quiera dormir la siesta a la misma hora. Es una suerte porque el bebé duerme ahora un poco más, así que puede aprovechar el sueño extra para descansar.

Es más o menos en esta época cuando tu pareja puede empezar a experimentar algo conocido como la "entrepierna relámpago". Si eso suena como un chiste burdo, por desgracia, no lo es. Por muy gracioso que parezca, la entrepierna relámpago puede ser bastante dolorosa. Se caracteriza por dolores punzantes (como una descarga eléctrica) en la vagina, la pelvis o el recto, o alrededor de ellos. Es probable que se deba a que el bebé presiona un nervio que conduce al cuello uterino.

Lo que puedes hacer

Puedes ayudar a aliviar su dolor dándole un baño caliente, ayudándola a cambiar de posición e incluso animándola a llevar una banda de sujeción. Además, para planificar con antelación, es una buena idea pensar e incluso reservar una guardería para cuando llegue el bebé.

Del mismo modo, es posible que quieras acordar con antelación algunos de los aspectos más prácticos de la crianza de un niño, como por ejemplo, quién se levantará en mitad de la noche para calmarlo y darle de comer cuando llore. Si crees que no vas a ser capaz de hacerlo tú mismo, entonces puede valer la pena considerar la contratación de una niñera nocturna. Esto puede parecer un poco distante, pero recuerda que la crianza de los hijos no consiste en sacrificar por completo tu propio bienestar, sino en garantizar que estén seguros y cuidados. Así que, adelante, habla de ello: te sentirás mejor por ello.

¡Sólo faltan nueve semanas! Si has seguido este libro hasta aquí, espero que te sientas más preparado para el gran día. Recuerda que tu pareja ha hecho la mayor parte del trabajo hasta este momento, pero una vez que llegue el bebé, será tu turno. Prepárate para la aventura y te irá bien.

CAPÍTULO 8

MES 8
ALIMENTO PARA LA MENTE

¡Estás muy cerca! Después de este mes, sólo quedan unas cinco semanas para que nazca tu bebé.

El progreso semana a semana

Ya están a punto de conseguirlo. Las próximas semanas parecerán ajetreadas, pero pasarán volando a medida que se acerque la fecha de parto. Tómate un tiempo para relajarte y disfrutar de los progresos que estás haciendo.

SEMANA TREINTA Y DOS: ¿QUÉ HAY PARA CENAR?

Sus papilas gustativas están completamente desarrolladas, y es probable que adquieran una preferencia por los alimentos que come tu pareja.

- Tamaño del bebé: Una Col de Napa.
- Longitud del bebé: 16,69 pulgadas.
- Peso del bebé: 3,75 libras.

A medida que se acerca la fecha del parto, es totalmente normal que la madre tenga más alteraciones del sueño y, por tanto, se sienta un poco más irritable de lo normal. El bebé está utilizando su vejiga como un juguete para apretar, por lo que verá aumentada su necesidad de orinar. Ah, y también tendrá más ardor de estómago, ¡pero no te preocupes! Sólo faltan unas pocas semanas.

El crecimiento de tu bebé

A estas alturas, el bebé pesa casi un kilo y medio y mide cerca de 17 pulgadas. Sus pulmones son el último órgano en desarrollarse por completo, y todavía se están acostumbrando al proceso de respiración.

Aparte de sus pulmones, tu bebé ya está completamente formado. Si tu pareja se pusiera de parto en este momento, es probable que el bebé no tuviera ningún problema. El bebé también es consciente de que está a punto de llegar al mundo y, por tanto, puede empezar a moverse hacia abajo en el útero para prepararse para el nacimiento.

Lo que está viviendo ella

Como su barriga sigue creciendo, probablemente habrás oído a tu médico mencionar algo llamado "altura del fondo uterino". Se trata de la medida entre el hueso púbico y la parte superior del útero. Evidentemente, esta distancia aumentará a medida que pase el tiempo y, en esta semana, es probable que esté en torno a las 13 pulgadas.

Las contracciones de Braxton Hicks serán más frecuentes (por no decir más fuertes) a partir de la semana 32 aproximadamente. Tú y tu pareja sabrán que las contracciones reales del parto son diferentes, ya que aumentan en fuerza y se producen cada vez más cerca. Por suerte, las contracciones de Braxton Hicks no se sienten igual y son totalmente normales en esta fase (¡aunque sean un poco molestas!)

Lo que puedes hacer

Este es el momento perfecto para asegurarte de incluir a tu proveedor de atención médica en la discusión del plan de parto. Tiene que conocer tus deseos y estar en la misma línea que tú y tu pareja (y tu doula, si tienes una). Recuerda, si tú o tu pareja están convencidos de algo, no dudes en hacérselo saber a todos.

Para ser más optimistas, en esta época del embarazo suelen celebrarse las fiestas del bebé. Así que si tus amigos o familiares cercanos están planeando una, comprueba si necesitan ayuda con la logística. Es un momento realmente satisfactorio ver a tu pareja sonreír y relajarse después de todas las dificultades por las que ha pasado. Además, será una gran oportunidad para relajarte tú y dejar que otras personas la mimen durante un rato.

SEMANA 33: PÉRDIDA DE CABELLO

El fino vello que cubría su cuerpo (Lanugo) está empezando a desaparecer - pero habrá algunas manchas residuales en sus hombros y espalda.

- Tamaño del bebé: Una piña.
- Longitud del bebé: 17,20 pulgadas.
- Peso del bebé: 4,23 libras.

A medida que tu bebé va creciendo, también lo hace su apetito. A partir de esta semana, engordará casi medio kilo cada semana. Mientras tanto, la barriga de tu pareja sigue creciendo, así que asegúrate de darle mucho amor y apoyo.

El crecimiento de tu bebé

El sistema inmunitario del bebé está funcionando a pleno rendimiento gracias a los anticuerpos de la madre que han llegado al bebé. Y hablando de sistemas, todos los órganos del bebé ya funcionan (aunque seguirán madurando y creciendo durante algún tiempo). Sólo hay un punto vulnerable en el cuerpo del bebé, por lo demás bien desarrollado: el cráneo. Los huesos del cráneo aún no se han fusionado, por lo que queda un punto blando llamado fontanela. Esto se debe a su diseño: una cabeza flexible facilita la salida del bebé a través del canal de parto y de la vagina.

Lo que está viviendo ella

¿Te ha comentado tu pareja que últimamente sueña con el bebé? Sí, no te preocupes, es totalmente normal.

Los sueños sobre el embarazo suelen estar provocados por el intenso estrés al que están sometidas las mujeres embarazadas, tanto física como emocionalmente. Por desgracia, como pueden ser tan realistas, a veces pueden desencadenar intensas emociones negativas, como la culpa (por ejemplo, si ha soñado que le pasa algo malo al bebé) o los celos (como si sueña que la engañas).

Si tu pareja tiene dificultades para afrontar sus sueños, anímala a hablar de ellos contigo o con su médico o matrona. El mero hecho de sacarlo todo a la luz puede ayudar a reducir la intensidad de las emociones que siente. Y si alguna vez tiene una pesadilla especialmente perturbadora, asegúrale que es sólo un sueño y que todo está (o estará) bien.

Lo que puedes hacer

Mantente en contacto con el hospital o el centro de maternidad y asegúrate de que tienen todos los detalles correctos para ti y tu plan de parto. Habla con ellos sobre quiénes quieren tú y tu pareja que estén en la sala de partos, así como cualquier otra preferencia que tengáis. Es importante asegurarse de que todo el mundo está de acuerdo y sabe lo que puede esperar.

Si estás pensando en dar a luz en casa, empieza a investigar y asegúrate de contar con un profesional que esté dispuesto a ayudarte en el parto. Los partos en casa no siempre son una opción y hay muchas cosas que pueden salir mal, así que asegúrate de estar bien informado antes de tomar cualquier decisión.

Hay otra cosa bonita que puedes hacer, pero esta vez junto con tu pareja: grabar un mensaje para tu bebé por nacer. Los dos pueden expresar su felicidad y sus esperanzas en este pequeño paquete de alegría que va a cambiar su vida para siempre. Será un bonito recuerdo que podrán ver o leer algún día en el futuro.

SEMANA 34: UN AUTÉNTICO GIRO PARA LA CABEZA

Con los huesos completamente formados, tu bebé gira la cabeza, se mueve y, en definitiva, se prepara para el gran día.

- Tamaño del bebé: Un Melón Cantalupo.
- Longitud del bebé: 17,72 pulgadas.
- Peso del bebé: 4,73 libras.

Con casi dos kilos esta semana, el bebé se está volviendo bastante pesado de llevar. Dado el tamaño actual del bebé, el útero de la madre es entre 500 y 1000 veces más grande que antes del embarazo.

El crecimiento de tu bebé

Si vas a tener un niño, sus testículos ya deberían haber bajado; sin embargo, en algunos casos, esto no ocurre hasta más de un año después de su nacimiento, así que no te preocupes si todavía no ha ocurrido. Sus pulmones también deberían estar completamente desarrollados a finales de esta semana.

Lo que está viviendo ella

Esta semana trae... más de lo mismo. Continúan las constantes micciones, los dolores y las demás cosas divertidas, pero no te preocupes: ¡el final está a la vista!

Lo que puedes hacer

El viejo adagio: "no planificar es planificar el fracaso" es absolutamente cierto cuando se trata de un embarazo, pero a veces, por muy detallados que sean tus planes, siempre habrá algo que salga mal. Lo único que puedes hacer en esas situaciones es hacer un balance de lo ocurrido y tomar la mejor decisión que puedas en ese momento. Sin embargo, eso no significa que no debas planificar. Es conveniente que tengas planificadas varias rutas para llegar al hospital más cercano (y al siguiente más cercano) porque, una vez que tu pareja se ponga de parto, todo se volverá una locura muy rápidamente, y tener un simple plan logístico de cómo llegar al hospital puede ahorrarte mucho estrés.

Además, algo que muchos padres primerizos pasan por alto es tener instalada una silla de seguridad para el coche antes de salir hacia el hospital. Lo último que quieres es tener que lidiar con las correas de la silla de auto en medio del parto. Instálala con antelación y te alegrarás de haberlo hecho cuando llegue el momento de llevar a tu bebé a casa desde el hospital.

Y, por último, no te olvides de preparar la bolsa del hospital. Esto es algo que querrás hacer con bastante antelación a la fecha del parto porque nunca se sabe cuándo puede empezar el trabajo de parto. Asegúrate de llevar todo lo esencial, como un traje para el bebé, pañales, toallitas y cualquier medicamento que puedas necesitar.

SEMANA 35: EL MUNDO SE DA VUELTA

El bebé se coloca en posición invertida para prepararse para el parto.

- Tamaño del bebé: Un melón de miel.
- Longitud del bebé: 18,19 pulgadas.
- Peso del bebé: 5,25 libras.

Los pulmones del bebé por fin han terminado de desarrollarse y son capaces de respirar por sí mismos. Con sus pulmones al 100%, tiene todos sus órganos en su sitio y está casi listo para nacer.

El crecimiento de tu bebé

El espacio en el útero de la mamá se está volviendo aún más importante a medida que el bebé sigue creciendo. Es probable que sus puñetazos y patadas se estabilicen esta semana y sean sustituidos por contoneos y aleteos.

Lo que está viviendo ella

Hasta la última semana, el bebé tenía dos posiciones principales:

1. Presionando contra los pulmones causando dificultad para respirar
2. Presionando contra la vejiga, lo que provocaba una micción forzada.

En esta semana se producen algunos cambios, ya que el bebé se asienta completamente en la parte inferior del útero. La ventaja es que el bebé ya no presionará los pulmones de mamá (¡ya!), pero presionará aún más la vejiga de mamá (¡Boo!).

Lo que puedes hacer

Como pareja, es importante que animes a tu pareja a ser positiva y a superar estos momentos difíciles. Sé el animador que necesita para mantener el ánimo durante las últimas semanas de embarazo.

Además, en caso de que aún no lo hayas hecho, prepara la maleta del hospital. El día D se acerca rápidamente, así que prepárate.

CAPÍTULO 9
MES 9
EL FINAL ESTÁ A LA VISTA

Ya está, por fin ha llegado el momento. Estás en la recta final. Sólo faltan unas pocas semanas para que puedas tener a tu bebé en brazos y tu vida cambie para mejor. Todo lo que han pasado tú y tu pareja merecerá la pena cuando veas a tu pequeño por primera vez. Pero hasta entonces, todavía hay que ocuparse de algunas cosas...

Si tienes algún trabajo pendiente o algún proyecto de la casa por terminar, hazlo cuanto antes. No es que nunca vayas a tener tiempo cuando nazca el bebé, pero te sorprendería saber cuánto tiempo, esfuerzo y energía te exige un recién nacido. Supongamos que te falta el sueño y que estás ocupado alimentando, cambiando y cuidando al bebé. En ese caso, lo último que vas a querer hacer es terminar ese trabajo de remodelación del baño que empezaste hace meses, así que termínalo antes de que nazca el bebé (si es posible).

Lo más importante es que te asegures de que la casa está preparada para un bebé. La casa debe estar preparada para un bebé, y la habitación del bebé debe ser acogedora. La casa debe estar preparada para un bebé, pero tú también tienes que estar preparado. Así que prepara tu bolsa de hospital y asegúrate de tener todo lo que necesitas para cuando llegue el bebé.

El progreso semana a semana

Las últimas semanas del embarazo suelen considerarse las más incómodas. Así que, si puedes estar ahí para tu pareja durante este tiempo, ella lo agradecerá mucho. Sigue ofreciéndole tu apoyo y cariño, e intenta que se sienta lo más cómoda posible. Estas últimas semanas se acabarán antes de que te des cuenta.

SEMANA 36: RELLENAR

A medida que se ponen más gordos, su traje de piel arrugada se rellena.

- Tamaño del bebé: Una lechuga romana.
- Longitud del bebé: 18,66 pulgadas.
- Peso del bebé: 5,78 libras.

Con casi 19 pulgadas de largo, tu bebé está casi completamente desarrollado y sigue ganando peso, llegando a pesar casi 6 libras en la semana 36.

El crecimiento de tu bebé

Esta semana tu precioso bebé está creciendo y llenando de grasa sus adorables mejillas. A medida que se prepara para el nacimiento, sus movimientos pueden calmarse un poco, pero no te preocupes, esto es totalmente normal. Su sistema digestivo también se ha desarrollado por completo y produce unos residuos de color verde oscuro llamados meconio a medida que va digiriendo el líquido amniótico (¡qué rico!). Su sistema circulatorio y su sistema óseo también funcionan bien, así que, en general, tu bebé no hace más que estar tranquilo y crecer cada día más.

Lo que está viviendo ella

A medida que el bebé desciende en la pelvis durante esta semana, es de esperar que la hinchazón y los dolores de espalda continúen. Por alguna razón, este proceso se conoce como "aligeramiento", pero no hace que el bebé pese menos para la madre; simplemente distribuye el peso de forma diferente para que la madre pueda respirar y comer un poco más fácilmente, pero a costa de tener que orinar (aún más) con frecuencia. En cualquier caso, es un paso importante para el bebé y el proceso de parto, así que cuando notes que esto ocurre, es una clara señal de que las cosas están progresando como deberían.

Lo que puedes hacer

A medida que se acerca el gran día, es probable que tu pareja sienta una mezcla de emoción y nervios. Es normal sentir cierta ansiedad ante lo desconocido, pero intenta centrarte en el hecho de que millones de mujeres han pasado por esto antes, y todo saldrá bien. Tómate un tiempo para hablar de tus miedos y preocupaciones para que puedan tranquilizarse mutuamente.

Hay algunas cosas que puedes hacer para ayudar a tu pareja durante el parto:

- Sé una presencia de apoyo: hazle saber que estás ahí para ella y que harás lo que necesite
- Ayuda con ejercicios de respiración y técnicas de relajación
- Aplica presión sobre su espalda o masajéala para ayudar a aliviar el dolor
- Tómale la mano, dale besos o simplemente estate presente, para que se sienta querida y apoyada

Como siempre, lo más importante que puedes hacer es estar ahí para tu pareja. Es un momento muy importante en su vida y necesitará todo el amor y el apoyo que puedas darle. Así que intenta mantener la calma, ser positivo y centrarte en ayudarle a superar esta increíble experiencia.

SEMANA 37: HORA DEL YOGA

A medida que crezca, el bebé empezará a quedarse sin espacio para dar grandes patadas y a partir de ahora se estirará y contoneará principalmente.

- Tamaño del bebé: Un melón de invierno.
- Longitud del bebé: 19,13 pulgadas.
- Peso del bebé: 6,30 libras.

La semana treinta y siete marca el fin de los partos "prematuros" o "a término". Esto significa que si el bebé nace esta semana, se considerará un bebé a término.

Los bebés a término son los que nacen entre las 37 y 40 semanas de gestación. Tienen menos probabilidades de tener problemas de salud que los bebés nacidos antes.

El crecimiento de tu bebé

¡Tu bebé está creciendo más y más fuerte cada día! Con unos dos kilos y medio, sigue aumentando medio kilo por semana. Sigue moviéndose en el útero y absorbiendo líquido amniótico. No hay que esperar ningún cambio significativo en este momento, excepto que el bebé puede estar bajando más en su camino para salir del útero. ¡Sigue así, bebé!

Lo que está viviendo ella

Este es también el momento del embarazo en el que muchas mujeres sienten una intensa necesidad de anidar. Si tu pareja es una de ellas, prepárate para reorganizar tu casa. Ella querrá que todo esté "a punto" y es probable que tengas que cambiar muchas cosas de sitio para hacerla feliz. No te enfrentes a ella, el "instinto maternal" es muy fuerte en este momento y no querrás estropearlo.

También se sentirá tan incómoda como siempre, así que, de nuevo, intenta ser lo más comprensivo posible. La luz al final del túnel está cada vez más cerca.

Lo que puedes hacer

Es posible que tu médico quiera hacer un examen físico del cuello uterino de tu pareja para comprobar cómo van las cosas.

También es un buen momento para consultar a un terapeuta del suelo pélvico. Contar con el asesoramiento de un profesional capacitado puede ayudar a reducir el riesgo de desgarro durante el parto, ya que ayuda a estirar la piel alrededor del canal de parto y a evitar potencialmente el procedimiento de episiotomía.

A medida que aumente la acidez del estómago, asegúrate de ayudarla a comer comidas más pequeñas y de acompañarla cuando haga sus estiramientos para aliviar las molestias. También querrás hacer un último repaso de todo para comprobar lo que aún no has tachado en tu plan de parto. Estar preparado y ayudarla a pasar por esto, hará que las cosas sean mucho más fáciles para ambos.

SEMANA 38: CONECTANDO LOS PUNTOS

Tu bebé está creando conexiones en su cerebro que le ayudarán a hacer todo, desde tragar hasta dormir.

- Tamaño del bebé: Un tallo de ruibarbo.
- Longitud del bebé: 19,61 pulgadas.
- Peso del bebé: 6,80 libras.

Tu bebé pesará casi dos kilos esta semana y está listo para conquistar el mundo. Aunque técnicamente aún faltan un par de semanas, tanto el bebé como la madre están preparados para su salida.

El crecimiento de tu bebé

El desarrollo de las cuerdas vocales que comenzó hace semanas ha terminado por fin y, junto con sus pulmones completamente desarrollados, esto significa que tu bebé podrá llorar con un aullido completo cuando nazca. Esta es una excelente señal de que todo está progresando bien.

Lo que está viviendo ella

A medida que el bebé se desplaza hacia abajo en la pelvis, el proceso de alumbramiento continúa, y el cuello uterino comienza a ablandarse y a abrirse en preparación para la llegada del bebé.

Aparte de eso, es de esperar que haya más visitas al baño, ya que la vejiga de la mamá se ve presionada por el bebé en su nueva posición.

Lo que puedes hacer

Los bebés pueden estar en todo tipo de posiciones durante el parto, y es importante ser consciente de lo que eso significa para tu plan de parto. Si una ecografía revela que tu bebé está en posición de nalgas, probablemente tu médico querrá programar una cesárea. Aunque un parto natural sea quizás la forma preferida de dar la bienvenida a tu bebé a este mundo, es importante recordar que las cosas no siempre salen según lo previsto. Estar preparado para cualquier situación te ayudará a sentirte más seguro y en control durante este momento tan especial.

Si el bebé no está en posición de nalgas, querrás hacer todo lo posible para ayudar a tu pareja a pasar por el parto sin problemas, dándole mucho apoyo y compasión. Si cuentas con una doula, aquí es donde ella intervendrá para ayudar realmente en el proceso.

SEMANA 39: CUALQUIER DÍA DE ESTOS

A estas alturas, tu bebé ya habrá perdido la mayor parte del pelo fino (lanugo) que ha cubierto su piel durante los últimos meses.

- Tamaño del bebé: Una calabaza pequeña.
- Longitud del bebé: 19,96 pulgadas.
- Peso del bebé: 7,25 libras.

El parto puede producirse en cualquier momento. Aunque la fecha real de parto no es hasta la semana 40, es muy raro que los bebés nazcan en la fecha exacta calculada. Asegúrate de estar preparado para cuando llegue tu pequeño: ¡ten la bolsa del hospital preparada y busca ayuda con antelación!

El crecimiento de tu bebé

A medida que tu bebé siga creciendo, irá mudando su piel, incluido el lanugo. Su nueva piel será menos rosada y más blanquecina o grisácea. Aunque los conductos lagrimales del bebé se han formado, no se abrirán hasta aproximadamente un mes después del nacimiento. El bebé ya tiene casi el tamaño de un melón y pesa entre 2,5 y 3 kilos. Además de ganar peso y desarrollar su cerebro, el bebé no experimentará más cambios en su desarrollo hasta después de nacer.

Lo que está viviendo ella

Está incómoda, cansada, dolorida y necesita ir al baño todo el tiempo: ¡sólo quiere que nazca el bebé! La madre estará muy atenta a cualquier signo de parto, como las contracciones, la caída del tapón mucoso y, por supuesto, la rotura de aguas.

Lo que puedes hacer

A estas alturas, no hay mucho más que puedas hacer. Sólo asegurarte de que está atendida y darle todo el apoyo que te pida. Tu bebé llegará en cualquier momento.

SEMANA CUARENTA: A CUARENTA Y DOS ¡POR FIN!

Por fin llega tu bebé. Aunque algunos bebés tardan en llegar, no te preocupes: la espera merecerá la pena.

- Tamaño del bebé: Una sandía.
- Longitud del bebé: 20,16 a 21 pulgadas.
- Peso del bebé: 7,63 a 9 libras.

¡Por fin ha llegado! El final de tu embarazo. Aunque, si tu bebé aún no ha llegado, es probable que tu pareja esté más agotada e irritada. Aunque la madre y el bebé están biológicamente preparados para el parto, es posible que el bebé no esté de humor para bajar. En este momento, el médico puede hablar de inducir el parto, ya sea por medios médicos o por algunas de las formas más antiguas, como comer comida picante o mantener relaciones sexuales.

Si tu bebé aún no ha llegado, no te preocupes, todo esto es completamente normal. El bebé vendrá cuando esté bien y preparado. Hasta entonces, intenta relajarte y disfrutar de los últimos días de embarazo antes de que aparezca el recién nacido.

El crecimiento de tu bebé

A estas alturas, ya no es posible estimar su peso con exactitud, así que en este momento, lo único que puedes hacer es esperar y ver qué tamaño va a tener tu bebé.

Lo que está viviendo ella

Tu pareja está esperando a que el cuello del útero se dilate para poder dar a luz al bebé. Esto puede ser una montaña rusa emocional. Al igual que tú estás flipando por convertirte en padre, ella también está flipando por convertirse en madre.

Además, recuerda que el parto es una de las cosas más dolorosas y agotadoras (tanto física como mentalmente) por las que pasa un ser humano. Obviamente, no tengo experiencia de primera mano en el parto, pero mi mujer me ha informado de que "no es un tratamiento de spa", así que asegúrate de seguir siendo comprensivo y empático mientras ella pasa por el proceso de parto y nacimiento.

Lo que puedes hacer

Piensa en ti mismo como personal de apoyo de guardia. Tienes que estar localizable las 24 horas del día, ya que puedes recibir esa llamada de tu pareja para decir que está de parto en cualquier momento.

¿NO HAY BEBÉ TODAVÍA?

Todos los futuros padres conocen la emoción y la anticipación que conlleva la espera de un nuevo bebé. Durante nueve largos meses, planificas y te preparas, imaginando cómo será tu pequeño. ¿Tendrá tus ojos? ¿Su nariz? ¿Será tranquilo o quisquilloso? ¿Pero qué pasa si, después de toda esa espera, tu bebé aún no ha llegado? Es una pregunta en la que ningún padre quiere pensar, pero es importante estar preparado para esa posibilidad.

Intenta no preocuparte demasiado. Es habitual que los bebés se retrasen. De hecho, sólo un 5% de los bebés nacen en la fecha prevista. Hay muchas razones por las que tu bebé puede no haber llegado todavía. Quizá se esté tomando su tiempo para prepararse para el mundo exterior. O tal vez su fecha de parto se estimó incorrectamente. Lo importante es mantener la calma y la relajación. Cuanto más estresada esté, menos probabilidades tendrá de ponerse de parto espontáneamente. Si el bebé no ha llegado en la semana 42, el médico puede inducir el parto o recomendar una cesárea programada. Pero incluso en ese caso, no hay que preocuparse. Ambos procedimientos son muy seguros y habituales hoy en día. Así que intenta no estresarte y disfruta de la espera. Al fin y al cabo, no tardarás en tener a tu pequeño en brazos.

Aunque el embarazo puede ser una montaña rusa de emociones tanto para ti como para tu pareja, no olviden dedicarse algo de tiempo a ustedes mismos. Ya sea viendo su programa favorito, comiendo juntos o quedando con los amigos para comer, tómense un tiempo para disfrutar de sí mismos y del otro.

PARTE DOS
LA CRIANZA DE LOS HIJOS
DESDE EL NACIMIENTO HASTA LOS ERUCTOS (¡Y MÁS ALLÁ!)

CAPÍTULO 2
HAS TRAÍDO UN BEBÉ A CASA, ¿Y AHORA QUÉ?

¡Lo has conseguido! Por fin ha llegado tu bebé y estás a punto de embarcarte en un fantástico viaje de paternidad. El primer mes con tu nuevo bebé puede ser emocionante y agotador, pero merece mucho la pena. Aquí tienes algunas cosas que debes tener en cuenta mientras atraviesas estas primeras semanas y empiezas a tomarle la mano a esto de la paternidad:

En primer lugar, no tengas miedo de pedir ayuda, ya sea a tu pareja, a tu familia o a tus amigos. Criar a un niño es cosa de todos, y necesitarás todo el apoyo posible.

En segundo lugar, duerme todo lo que puedas. Las tomas nocturnas no son ninguna broma, y no vas a funcionar a toda máquina si no descansas lo suficiente. Aprovecha las siestas cuando puedas, y no dudes en pedir a tu pareja o a otros cuidadores que te sustituyan por la noche para poder dormir un poco.

En tercer lugar, recuerda que cada bebé es diferente. Lo que funciona para uno puede no funcionar para otro, así que no te castigues si las cosas no van exactamente según el plan. Lo importante es que lo hagas lo mejor posible y aprendas sobre la marcha.

Así que respira hondo, relájate y disfruta de este momento tan especial con tu recién llegado. Será un adolescente antes de que te des cuenta.

NO HAY "YO" EN "EQUIPO"

Una de las mejores maneras de mantener la cordura como padre primerizo es dividir las tareas que deben hacerse entre tú y tu pareja. Tanto si se trata de turnarse para dar de comer, cambiar pañales o simplemente tomarse un descanso para ducharse, es importante recordar que están juntos en esto.

Puede ser fácil sentirse abrumado y sentir que estás cargando con toda la responsabilidad, pero trata de recordar que tu pareja también está pasando por esto. Es probable que se sienta tan agotada y estresada como tú (o más). Así que asegúrense de comunicarse el uno con el otro, de echarse una mano cuando sea necesario y de darse un respiro siempre que sea posible. Al fin y al cabo, ¡se necesita un equipo para criar a un bebé!

LAS 3 MEJORES HABILIDADES DE LOS NUEVOS PADRES

Las 3 áreas problemáticas para los nuevos padres que veo aparecer una y otra vez son:

1. No saber cambiar pañales
2. No saber cómo hacer eructar al bebé
3. No saber bañar al bebé correctamente

Los 3 puntos se reducen a la misma cuestión:

No confías en tus conocimientos y capacidades (todavía)

La buena noticia es que es algo totalmente normal de pensar y sentir. La mejor noticia es que son cosas fáciles y sencillas de aprender, y una vez que las hayas hecho un par de veces, te preguntarás por qué te preocupabas en primer lugar.

Así que, sin más preámbulos, aquí están mis 3 mejores habilidades de padre primerizo...

1. No saber cambiar pañales

Reconozcámoslo: nadie nace sabiendo cambiar un pañal. Es algo que hay que aprender, y la única manera de hacerlo es poniéndose manos a la obra.

La buena noticia es que no es tan complicado ni asqueroso como se podría pensar. De hecho, una vez que sabes cómo hacerlo, es relativamente sencillo (y, me atrevo a decir, incluso algo satisfactorio).

Aquí tienes una guía rápida, paso a paso, sobre cómo cambiar un pañal:

1. Coloca al bebé boca arriba sobre una superficie limpia y suave.
2. Levanta las piernas y retira el pañal sucio.
3. Limpia la cola del bebé con toallitas, con movimientos de adelante hacia atrás.
4. Aplica crema para la dermatitis del pañal (si es necesario).
5. Coloca un pañal limpio bajo la cola del bebé, asegurándote de que las lengüetas adhesivas queden hacia fuera.
6. Sube el pañal entre las piernas del bebé y cierra las lengüetas.
7. Lávate bien las manos.

Y ya está. Sencillo, ¿verdad?

¡Sólo tienes que seguir los pasos anteriores, y estarás cambiando como un profesional en poco tiempo!

2. No saber cómo hacer eructar al bebé

Los eructos son una parte integral del tiempo de alimentación, ya que ayudan a liberar cualquier burbuja de aire que pueda haber quedado atrapada en la barriga del bebé. Esto puede ayudar a prevenir el malestar y los cólicos (llanto excesivo debido al dolor de estómago).

A continuación te explicamos cómo hacer eructar a tu bebé correctamente:

1. Coloca al bebé en posición vertical sobre tu regazo, apoyando su cabeza y su espalda.
2. Acaricia o frota suavemente su espalda hasta que suelte un eructo.
3. Si el eructo no se produce después de unos minutos, intenta cambiar de posición y vuelve a intentarlo.
4. Una vez que el bebé haya eructado, puedes seguir alimentándolo.
5. Lávate bien las manos.

Y eso es todo. Recuerda que debes ser paciente y suave con el bebé, y pronto conseguirás que eructe como un profesional.

3. No saber bañar al bebé correctamente

Bañar a un bebé puede resultar desalentador, pero una vez que se sabe cómo hacerlo, resulta bastante sencillo (¡e incluso agradable!). Aquí tienes una guía rápida, paso a paso, sobre cómo bañar correctamente a tu bebé:

- Llena la bañera con varios centímetros de agua caliente (prueba la temperatura con el codo antes de meter al bebé).
- Coloca una toalla suave en el fondo de la bañera para evitar resbalones.

- Baja suavemente al bebé al agua, sosteniendo su cabeza y cuello en todo momento.
- Utiliza una mano para sostener al bebé y la otra para lavarlo con un limpiador suave y sin perfume.
- Enjuaga al bebé con agua tibia y sécalo suavemente con una toalla suave.
- Envuelve al bebé en una toalla limpia y seca y abrázalo bien.
- Lávate bien las manos.

¡Y eso es todo! Sólo tienes que seguir los pasos anteriores, y tendrás a tu pequeño limpio, fresco y oliendo bien en poco tiempo.

Así que ahí lo tienes, mis 3 mejores habilidades de padre primerizo. Recuerda que estos son sólo algunos de los aspectos básicos; una vez que los domines, estarás en camino de ser un padre profesional.

4 CONSEJOS MÁS PARA LOS PADRES

Ahora que ya tienes lo básico cubierto con el cambio, el eructo y el baño, es el momento de construir sobre esa base de habilidades.

1. Protege su cuello

En las primeras etapas, los bebés aún no tienen mucho control muscular. Esto significa que su cabeza puede moverse bastante, lo que supone un esfuerzo para su pequeño cuello.

Para evitarlo, asegúrate de sujetar la cabeza y el cuello de tu bebé siempre que lo levantes, lo lleves o lo acuestes. Y cuando lo tengas cerca, asegúrate de mantener su cabeza a la altura de la tuya.

2. Envoltura

Envolver al bebé es una técnica ancestral para calmarlo y reconfortarlo. Consiste en envolver al bebé en una manta suave y cálida para que se sienta cómodo y seguro.

Puede ser una herramienta inestimable para calmar a un bebé que llora (sólo hay que asegurarse de no envolverlo con demasiada fuerza).

3. Alivia las encías

La dentición puede ser dolorosa para los bebés y también puede provocarles irritabilidad y mal humor. Para ayudar a calmar sus encías, prueba a darle un anillo de dentición limpio y fresco o un paño húmedo para que lo mastique.

También puedes darles un suave masaje. Pero asegúrate de lavarte bien las manos antes.

4. ¡No te olvides del paño para eructar!

Ten siempre a mano un paño para eructar cuando alimentes a tu bebé (créeme, me lo agradecerás después). Los bebés suelen regurgitar con bastante frecuencia, sobre todo después de las tomas, y siempre es mejor estar preparado.

Así que ya lo tienes: con estos pasos adicionales, estarás en camino de convertirte en un padre profesional. Recuerda que debes ir paso a paso y tener paciencia, ya que te harás con el control en muy poco tiempo.

CAPÍTULO 3
EL DINERO IMPORTA

No hay forma de evitarlo: tener un bebé puede ser muy caro. Es fácil sentir que estás constantemente gastando dinero entre los pañales, la leche de fórmula, la ropa y todas las otras pequeñas cosas que vienen con un nuevo hijo.

Es posible que pienses cosas como: "¿Cuánto durarán nuestros ahorros?" y "¿Por qué los cochecitos son tan caros?". Bueno, no te preocupes: ¡no eres el único! Todos los padres primerizos pasan por estas preocupaciones y tensiones, y aunque es cierto que los bebés necesitan un montón de cosas, hay formas de ahorrar dinero sin sacrificar la calidad ni tu cordura.

Veamos algunas de las formas de ahorrar dinero como padre primerizo:

CREAR UN PRESUPUESTO PARA EL BEBÉ

El primer paso es calcular exactamente cuánto dinero necesitarás gastar cada mes en tu nuevo bebé. Para ello, debes analizar tu presupuesto actual y ver dónde puedes recortar para hacer hueco a los gastos relacionados con el bebé.

Si no tienes un presupuesto, ahora es el momento de crearlo. Hay montones de aplicaciones y sitios web útiles para elaborar presupuestos que pueden hacer que el proceso sea fácil e indoloro. Una vez que tengas un buen control de tus gastos mensuales, puedes empezar a buscar formas de ahorrar.

Además, muchas empresas ofrecen ahora permisos de paternidad y maternidad prolongados, así que asegúrate de consultar con tu departamento de recursos humanos para ver a qué prestaciones tienes derecho. Esto puede proporcionarte un colchón financiero muy necesario mientras te adaptas a la vida con un recién nacido.

Si tienes derecho a tiempo libre remunerado con tu bebé, aprovéchalo para guardar el dinero adicional (siempre que sea posible). Si no, elaborar un presupuesto sólido te ayudará a prepararte y a controlar tus gastos en los próximos meses.

Gastos extraordinarios

Cuando se trata de gastos para tu bebé, hay ciertas cosas que serán continuas (piensa en pañales, guardería, fórmula, etc.), pero hay gastos únicos (o muy infrecuentes) que deben ser tomados en cuenta también. Cosas como una cuna, un asiento de coche, un cochecito y otros artículos de gran valor pueden suponer un gran gasto.

Si es posible, intenta comprar estos artículos de segunda mano. A menudo puedes encontrar artículos para bebés de segunda mano en tiendas de consignación, tiendas de segunda mano o incluso en sitios web como Craigslist o Facebook Marketplace. No sólo ahorrarás dinero, sino que también es mejor para el medio ambiente.

Otra opción es esperar a las grandes rebajas como el Black Friday o el Cyber Lunes para hacer tus compras. Muchas tiendas ofrecen grandes descuentos en artículos para bebés durante estas fiestas, así que vale la pena esperar si puedes.

Ser inteligente a la hora de comprar estos artículos puntuales puede suponer una gran diferencia en tus finanzas, así que vale la pena conseguir una buena oferta en las cosas grandes.

FORMAS DE AHORRAR DINERO

Lo primero y más importante es *determinar tus prioridades financieras*. ¿Cuáles son las cosas que necesitas absolutamente para cuidar a tu hijo, y cuáles son las cosas de las que puedes prescindir?

Por ejemplo, puede que necesites comprar una silla de auto y un cochecito, pero ¿realmente necesitas el último y mejor modelo? ¿O bastaría con una versión más básica? Es esencial que tomes decisiones de gasto acertadas cuando se trata de tu bebé; al fin y al cabo, sólo va a ser pequeño durante un tiempo.

En segundo lugar, deberás crear un fondo de emergencia para cubrir cualquier gasto inesperado que pueda surgir. Esto es especialmente importante si eres padre soltero o si tu pareja es ama de casa.

En tercer lugar, paga cualquier deuda con intereses altos (siempre que sea posible). Así tendrás más dinero cada mes para destinar a tu fondo para el bebé.

En cuarto lugar, empieza a aprovechar los cupones y descuentos. Hay montones de sitios web y aplicaciones que ofrecen ofertas exclusivas en productos y servicios relacionados con el bebé.

Por último, pero no por ello menos importante, si consigues que tus gastos sean manejables y eres capaz de ahorrar para un fondo de emergencia, entonces podrías pensar en guardar algo de dinero para la futura educación de tu hijo.

Aunque pueda parecer mucho trabajo, la elaboración de un presupuesto para un bebé puede ser sorprendentemente fácil una vez que se le toma la mano. Y recuerda que lo más importante es que tu hijo esté sano y sea feliz; todo lo demás es sólo la guinda del pastel. Así que no te preocupes por las cosas pequeñas y disfruta de este momento tan especial con tu nueva familia.

BUSCA LAS MEJORES OFERTAS

Cuando se trata de artículos para el bebé, vale la pena comparar precios. Puede que tengas la tentación de comprarlo todo de una sola vez en un gran almacén, pero esa no suele ser la forma más inteligente o rentable de hacer las cosas.

En lugar de eso, tómate tu tiempo y compara los precios de diferentes tiendas antes de tomar cualquier decisión. También merece la pena buscar en tiendas de segunda mano, mercados online y ventas de garaje: te sorprenderá la cantidad de artículos de bebé de buena calidad que puedes encontrar por una fracción del precio de venta al público.

BUSCA OPCIONES GRATUITAS O DE COSTO REDUCIDO

Hay muchos programas que ofrecen artículos para bebés gratuitos o a precio reducido para familias con bajos ingresos. Si crees que puedes optar por ellos, investiga un poco para ver qué hay disponible en tu zona.

También puedes buscar prendas de segunda mano de amigos o familiares que ya hayan criado a sus hijos. Es una buena manera de conseguir artículos de alta calidad sin gastar mucho dinero.

NO TENGAS MIEDO DE PEDIR AYUDA

Pedir ayuda no es un signo de debilidad, sino de sabiduría. Si te sientes abrumada por el coste de tener un bebé, acude a tus amigos y familiares. Puede que te ofrezcan ayuda económica o que te proporcionen artículos de bebé de segunda mano.

También puedes consultar los programas de asistencia del gobierno o las organizaciones benéficas que ofrecen ayuda a las familias necesitadas. No hay que avergonzarse de pedir ayuda cuando se trata de mantener a tu hijo.

Tener un bebé es una experiencia increíble, pero también es costosa. Si te tomas el tiempo de presupuestar y buscar ofertas, puedes ahorrar dinero sin sacrificar la calidad de los cuidados que le das a tu hijo. No tengas miedo de pedir ayuda cuando la necesites: hay muchos recursos disponibles para las familias que tienen problemas económicos. Con un poco de planificación, puedes asegurarte de que tu bebé tenga todo lo que necesita sin arruinarte en el proceso.

Si sigues estos consejos, estarás en el buen camino para ahorrar dinero como nuevo padre. Recuerda que cada pequeña cantidad cuenta. Así que no tengas miedo de empezar poco a poco y de ir subiendo. Pronto serás un profesional en esto de la paternidad.

CAPÍTULO 4
¿QUÉ HA CAMBIADO?

No es ningún secreto que las mujeres embarazadas experimentan grandes cambios físicos, hormonales y emocionales. Esto puede provocar cambios de humor, ansiedad e incluso depresión. Y aunque tu pareja esté afrontando todos estos cambios con elegancia, es importante recordar que sigue siendo la misma persona de la que te enamoraste.

Sólo porque hayan tenido un hijo juntos y porque les esté ocupando mucho tiempo, no pueden levantar el pie del acelerador en lo que respecta a su relación. De hecho, es más importante que nunca asegurarse de que siguen dedicando tiempo el uno al otro y haciendo cosas en pareja.

Numerosos estudios han demostrado que las parejas que dedican tiempo a salir por la noche, incluso después de tener hijos, tienen más probabilidades de permanecer juntas. Así que, aunque sea difícil encontrar una niñera o estés agotado después de un largo día de trabajo, es esencial hacer el esfuerzo.

También es importante que te comuniques con tu pareja sobre tus sentimientos. Si te sientes excluido o como si no recibieras suficiente atención, díselo. Puede que ella se sienta igual y apreciará tu sinceridad.

Tener un hijo es un cambio enorme para los dos, y es importante que se apoyen mutuamente. Tengan paciencia, sean comprensivos y estén ahí el uno para el otro, y saldrán del otro lado más fuertes que nunca.

BENEFICIOS DE ESTAR CONECTADO

Numerosos estudios han demostrado una clara relación entre el apoyo de la pareja y una menor tasa de ansiedad y depresión posparto.

De hecho, un estudio reveló que las nuevas madres que no tenían una pareja que las apoyaran tenían más del doble de probabilidades de sufrir depresión posparto.

Otro estudio descubrió que las parejas que informaban de niveles más altos de satisfacción en su relación eran más propensas a informar de una mayor satisfacción con sus vidas en general.

Así que, si te mantienes conectada con tu pareja, ella será más feliz y estará menos estresada, pero también te hará a ti más feliz y menos estresado. Es una situación en la que todos ganan.

FORMAS DE ESTAR CONECTADO

Puedes hacer muchas cosas para mantener viva la chispa en tu relación, incluso con un bebé en camino. Aquí tienes algunas ideas:

Sal de casa

Puede ser fácil quedarse en casa y ver la televisión cuando se tiene un bebé en camino. Pero es importante salir, aunque sólo sea para dar una vuelta a la manzana.

Noches de cita

Como ya hemos dicho, las citas nocturnas son cruciales para mantener una relación sana. Asegúrate de programarlas con antelación para no tener que buscar una niñera en el último momento.

Habla de tus sentimientos

Es importante que te comuniques con tu pareja sobre cómo te sientes, tanto lo bueno como lo malo. Esto les ayudará a entenderse mejor y a asegurarse de que están en sintonía.

Estate presente

Estate presente cuando estés con tu pareja. Apaga el teléfono y préstale toda tu atención. Así le demostrarás que sigue siendo importante para ti, incluso con un bebé en camino.

Muestra afecto físico

Ya sea un abrazo, un beso o simplemente darse la mano, el afecto físico es importante en cualquier relación. Hará que tu pareja se sienta querida y le hará saber que sigues sintiéndote atraído por ella.

Hagan cosas juntos

Es importante encontrar actividades que puedan hacer juntos, incluso con un bebé en camino. Puede ser cualquier cosa, desde una clase de yoga para embarazadas, hasta paseos o simplemente pasar tiempo juntos en casa.

Sé paciente

Cuando se tiene un bebé en camino, las cosas se vuelven caóticas. Habrá noches de insomnio y días en los que sólo querrás tirarte de los pelos. Pero es importante recordar que es sólo una fase y que no durará para siempre. Así que intenta ser paciente con ella y contigo mismo.

Ten expectativas realistas

Tener un bebé es un cambio enorme, y es importante tener expectativas realistas. No todo va a ser arco iris y mariposas, y eso está bien. Recuerda que ambos están haciendo lo mejor que pueden, y que las cosas acabarán calmándose.

Busca ayuda si la necesitas

Si te resulta difícil afrontar los cambios o no estás seguro de cómo proceder, busca la ayuda de un profesional. Puede ser un terapeuta, un consejero o incluso un amigo o familiar de confianza.

Recuerden por qué están juntos

Cuando las cosas son difíciles, es importante recordar por qué están juntos en primer lugar. ¿Qué les atrajo el uno al otro? ¿Qué les hizo enamorarse? Ténganlo presente y les ayudará a superar los momentos difíciles.

Tener un bebé es un cambio enorme para ambos, y es importante que se apoyen mutuamente. Tengan paciencia, sean comprensivos y estén ahí el uno para el otro, y saldrán del otro lado más fuertes que nunca.

CONCLUSIÓN

Como humanos, estamos programados para querer reproducirnos. Este impulso subyacente ha ayudado a mantener viva nuestra especie durante milenios. Pero, ¿qué significa tener un hijo? Más concretamente, ¿qué significa ser padre? ¿Comienza el viaje cuando escuchas por primera vez las palabras de tu pareja: "Estoy embarazada"? ¿Es la primera vez que tienes a tu bebé en brazos? ¿O es cuando decides ser padre, cuando eliges darlo todo a tu hijo y a tu creciente familia?

Piensa en el momento en que comenzaste este viaje. Es posible que no supieras nada sobre el embarazo y que te sintieras un poco perdido y abrumado. Esperamos que este libro te haya ayudado a guiarte en el proceso y a responder a muchas de las preguntas que puedas tener. Es imposible abarcar todo sobre el embarazo y la paternidad en un solo libro. Aun así, he intentado incluir la información más valiosa y práctica para ofrecerte el mejor comienzo posible como nuevo padre.

Aunque ser padre es difícil a veces, es una de las experiencias más gratificantes que se pueden vivir. El amor y la felicidad que sientes cuando nace tu hijo no tienen parangón, y sólo van a mejorar a medida que crecen. Espero que tomes todo lo que has aprendido en este libro y lo utilices para convertirte en el mejor padre posible.

Ser padre no sólo significa tener un hijo al que cuidar y mantener vivo hasta que pueda valerse por sí mismo. Significa dejar atrás una parte de ti mismo: tu legado. Ser padre te da la oportunidad y la responsabilidad de transmitir tu sabiduría (y tus defectos) a la siguiente generación.

En tiempos pasados, no se hablaba mucho de la paternidad más allá de que los hombres "fueran el sostén de la familia". Afortunadamente, las cosas han cambiado, y el reparto de funciones y responsabilidades dentro de una relación de paternidad significa que los hombres pueden participar más y apoyar todos los aspectos de la crianza de un niño.

Le diré a todo el que quiera escuchar que las madres son seres sobrehumanos enviados para mostrar a los hombres cómo hacer todo correctamente. Piénsalo así: el vientre de la madre fue el único mundo que conoció tu bebé hasta que nació. Este ensueño de lo increíbles que son las madres puede desbordarse a veces en forma de competición, en la que el padre siente que tiene que "superar" los sacrificios que ha hecho la madre. Aparte de ser un entorno increíblemente hostil para traer a un bebé, es completamente inútil.

Lo que esta gente parece olvidar es que las madres y los padres tienen papeles diferentes dentro del embarazo y la crianza. No están enfrentados, sino que son totalmente complementarios.

Así que, si crees que este podría ser tu caso (o podría ser en lo que te conviertes), entonces tienes que tomarte un calmante. No, en serio. Sólo... relájate. No es una competición, y aunque lo fuera, no ganarías porque juegas con reglas diferentes. Tienen diferentes puntos fuertes y débiles, y eso está bien. Disfruta del tiempo que pasas con tu hijo, porque se pasa muy rápido.

Cuando tú y tu pareja atraviesan juntos este viaje del embarazo, puede ser una experiencia increíblemente gratificante. Si comprendes la experiencia de tu pareja y el motivo por el que se siente así, puedes ayudar a que este viaje sea un poco más fácil para ella. Si la apoyas y trabajas en equipo, puedes crear una base sólida para que tu bebé crezca.

Espero que hayas disfrutado de la lectura de este libro y que te haya resultado útil. Espero que te sientas un poco más preparado para lo que está por venir y que puedas abrazar esta experiencia con alegría en tu corazón.

Te deseo todo lo mejor en tu nueva aventura; ¡va a ser un viaje divertido, te lo prometo!

- Joey Nelson

AGRADECIMIENTOS

A mi esposa - gracias por ser tan paciente y comprensiva mientras escribía este libro. Sé que ha supuesto un gran estrés para nuestra relación, pero me alegro de que hayamos podido superarlo juntos.

A mis hijos; Simon, Joey, and Henry - gracias por ser lo mejor que me ha pasado. Me han hecho mejor persona y estoy deseando ver lo que les depara el futuro.

Gracias a mis padres - por creer siempre en mí y apoyarme en todo, incluso cuando no estaban de acuerdo con lo que hacía.

A mis amigos - gracias por escuchar siempre mis divagaciones sobre el libro y por todo el apoyo que me han dado en el camino. Me habría rendido 100 veces si no fuera por sus repetidas palabras de ánimo.

Al equipo de Daddyhood Publishing - gracias por darme esta oportunidad y por toda su ayuda para publicar el libro.

Por último pero no menos importante, a mis lectores - gracias por elegir este libro, y espero que les ayude de alguna manera en su viaje hacia la paternidad.

Sinceramente,

Joey Nelson

ACERCA DEL AUTOR

Joey Nelson lleva más de diez años escribiendo sobre cómo ser padre y ayudando a los nuevos padres a entender todo lo que necesitan saber para criar a sus hijos. Joey sabe que la paternidad puede ser abrumadora, pero también sabe que es lo más gratificante del mundo.

"Cualquiera que haya tenido un hijo sabe que ser padre puede ser absolutamente aterrador. También es una de las cosas más gratificantes que puedes hacer en tu vida. Siempre hay que estar ahí para ellos, pero mantenerlos felices y sanos no siempre es fácil, y por eso escribo. Para contar a los nuevos padres todo lo que me gustaría haber sabido cuando empecé."

En su tiempo libre, Joey disfruta haciendo ejercicio, escribiendo sobre la crianza de los hijos y pasando todo el tiempo posible con su familia. Vive en Nueva York con su esposa Anne y sus hijos Simon, Joey y Henry.

DADDYHOOD
publishing

Daddyhood Publishing es una editorial independiente de libros para padres primerizos. Nuestra misión es ayudar a educar, capacitar e iluminar a los padres modernos con la información que necesitan para prepararse para la paternidad.

Daddyhood Publishing se basa en la premisa de que se necesita un pueblo para criar a un niño. Creemos que lo mejor que un padre puede ser para sus hijos es su mayor fan. Ofrecemos recursos e historias de padres nuevos y veteranos que han aprendido a recorrer el camino de la paternidad. Deja que te ayudemos a convertirte en un gran padre para que puedas contribuir a mejorar este mundo para nuestros hijos, generación tras generación.

GLOSARIO PARA PADRES PRIMERIZOS

A lo largo de tu viaje para convertirte en padre, verás un montón de palabras, algunas de las cuales tendrán un sentido inherente (piensa: "pañal" y "sarpullido"), pero otras pueden dejarte un poco perplejo (piensa: "cola de sirena Mabley-Wubble"). Para ayudarte, hemos elaborado una lista de algunos de los términos más comunes utilizados en la paternidad, con definiciones sencillas que te ayudarán a ponerte al día.

Adopción: *Proceso legal por el que un niño pasa a ser responsabilidad legal y permanente de unos padres que no son sus padres biológicos.*

Líquido amniótico/Aguas: *El líquido que rodea y protege al bebé durante el embarazo.*

Prenatal: *Refiriéndose al periodo de tiempo antes del nacimiento.*

Puntuación de Apgar: *Prueba que se realiza a un recién nacido un minuto y cinco minutos después del nacimiento y que evalúa su estado físico.*

Muerde-tobillos: *Un niño pequeño.*

Crianza con apego: *Un estilo de crianza que hace hincapié en un fuerte vínculo emocional entre padres e hijos.*

Au Pair: *Una persona joven que vive con una familia y se encarga del cuidado de los niños a cambio de alojamiento, comida y un salario.*

Luna de bebé: *Vacaciones románticas que se toman los futuros padres antes de que nazca su bebé.*

Masaje para bebés: *El acto de acariciar y frotar suavemente el cuerpo de un bebé con las manos, como forma de vincular y relajar tanto a los padres como al niño.*

Destete dirigido por el bebé: *Método de destete (introducción de alimentos sólidos) en el que se permite a los bebés alimentarse por sí mismos, en lugar de ser alimentados con cuchara por sus padres.*

Alimentación con biberón: *El acto de alimentar a un bebé con leche materna o de fórmula extraída de un biberón.*

Congestión mamaria: *Cuando los pechos se llenan en exceso de leche, lo que a menudo hace que se sientan duros, dolorosos y/o hinchados.*

Lactancia: *El acto de alimentar a un bebé con leche humana directamente del pecho.*

Extractor de leche: *Dispositivo utilizado para extraer la leche de los pechos.*

De nalgas: *Cuando un bebé no está en la posición correcta para nacer, se dice que viene de nalgas.*

Eructar: *El acto de expulsar los gases del estómago por la boca.*

Baile del bebé: *Cuando los padres cantan y bailan con sus bebés para fomentar el movimiento y el desarrollo.*

Llevar al bebé: *Llevar al bebé pegado al cuerpo en un portabebés de tela.*

Bebé azotado: *Cuando un bebé está en constante movimiento y rara vez está tranquilo.*

Binky: *Un chupete.*

Expulsión: *Una defecación que es muy floja y acuosa.*

Sacamocos: *Herramienta que se utiliza para limpiar los mocos de la nariz del bebé.*

Boppy: *Almohada que sostiene la cabeza y el cuerpo del bebé.*

Pasta para el trasero: *Crema para la dermatitis del pañal.*

Cesárea: *Procedimiento quirúrgico en el que se realiza una incisión en el abdomen de la madre y se da a luz al bebé.*

Cefálica: *La presentación de la cabeza del bebé durante el parto.*

Cérvix: *El cuello del útero.*

Cambiador: *Mesa o soporte con un borde elevado, normalmente cerca de un lavabo o inodoro, en el que se puede cambiar el pañal al bebé.*

A prueba de niños: *Las medidas tomadas para hacer que una casa sea segura para los niños, como cubrir los enchufes eléctricos, instalar rejas en las escaleras y cerraduras en los armarios, y utilizar enchufes de seguridad en las tomas de corriente.*

Cólico: *Situación de llanto inexplicable en un bebé por lo demás sano, normalmente durante más de tres horas al día.*

Calostro: *La primera leche producida por las glándulas mamarias después del parto, rica en anticuerpos y nutrientes.*

Concepción: *La fecundación de un óvulo por un espermatozoide, que suele producirse dentro de las trompas de Falopio de la mujer.*

Contracciones: *Contracción muscular o serie de contracciones del útero durante el parto que expulsan al bebé a través del cuello uterino y la vagina.*

Dormir juntos: *La práctica de dormir cerca del bebé o niño pequeño, normalmente en la misma cama.*

Doula: *Profesional formada, normalmente una mujer, que asiste a otra mujer antes, durante y, a menudo, después del parto para proporcionarle apoyo posparto.*

Epidural: *Medicamento analgésico que se inyecta en el espacio epidural, que es la zona que rodea la médula espinal*

Episiotomía: *Incisión realizada en el perineo (la región entre la vagina y el ano) para ampliar la abertura vaginal para el parto*

Extracción: *Extraer la leche materna del pecho apretando o utilizando un sacaleches; también se conoce como bombeo*

Ferberización: *Técnica de entrenamiento del sueño desarrollada por el Dr. Richard Ferber, que consiste en aumentar gradualmente el tiempo que se deja al niño llorar hasta que se duerma*

Fertilidad: *La capacidad natural de producir descendencia*

Fórceps: *Instrumento quirúrgico utilizado para extraer al bebé del útero durante el parto*

Leche de inicio: *La leche que se produce en las primeras etapas de la lactancia.*

Fórmula: *Sustituto de la leche materna, que se suele dar a los bebés que no son amamantados*

Acogida: *El proceso de acoger y cuidar a un niño que no es propio, ya sea temporal o permanentemente.*

Goo Goo Gaga: *Una palabra sin sentido utilizada para hacer reír a un bebé.*

Visitante de salud: *Profesional de la salud que visita a las madres primerizas y a sus bebés en el hogar para evaluar la salud del niño y ofrecer consejos sobre la crianza.*

Leche materna: *La leche más rica y cremosa que se produce al final de una sesión de lactancia.*

Hormonas: *Sustancias químicas liberadas por el cuerpo que controlan diversas funciones corporales.*

Hipnoparto: *Método de parto que utiliza la autohipnosis y las técnicas de relajación para ayudar a reducir el dolor y la ansiedad durante el parto.*

Padre helicóptero: *Término utilizado para describir a los padres que se implican demasiado y protegen en exceso a sus hijos.*

Inducir: *Hacer que (una mujer) tenga dolores de parto y dé a luz.*

Ictericia: *Enfermedad asociada a la coloración amarilla de la piel y los ojos. Es el resultado de un aumento del nivel de bilirrubina en la sangre.*

Preñada: *Embarazada*

Labor de parto: *El proceso físico del parto*

Prenderse al pecho: *Cuando un bebé succiona el pecho de su madre para alimentarse*

Padre cortador de césped: *Un padre que lo hace todo por su hijo, en lugar de permitirle aprender de sus errores*

Canastilla: *Conjunto de ropa y accesorios para un bebé recién nacido*

Mimoso: *Un juguete especial o una manta a la que se puede unir un bebé para que se sienta cómodo*

Maternidad: *La condición o estado de estar embarazada*

Meconio: *Sustancia de color negro verdoso que se acumula en los intestinos del feto durante el tercer trimestre del embarazo*

Partera: *Profesional sanitario que asiste a las mujeres en el parto*

Conducto de la leche/ Conductos lácteos/ Galactóforos/ Conductos galactóforos/ Conductos mamarios: *Los conductos que llevan la leche desde los pechos hasta el pezón*

Producción de leche: *La cantidad de leche que producen los pechos de una mujer*

Moco/ Tapón/ Muestra: *Una mucosidad espesa que sale de la vagina durante el inicio del parto; una señal de que el parto está comenzando*

MILF: *Término utilizado para describir a una mujer mayor y atractiva, normalmente con hijos.*

Cerebro de mamá: *Fenómeno de olvido y distracción que experimentan algunas mujeres durante el embarazo y después del parto.*

Guerra de mamás: *debate entre las mamás que se quedan en casa y las que trabajan sobre qué estilo de crianza es mejor.*

Alergia a la leche: *Alergia a las proteínas de la leche de vaca.*

Club de Madres: *Grupo de apoyo a las madres que se quedan en casa para criar a sus hijos*

MSD: *Ansiedad de separación materna, la sensación de ansiedad que experimenta una madre cuando se separa de su hijo*

Pañales: *Prenda que lleva un bebé o un niño pequeño, normalmente de tela o papel, y que se sujeta alrededor de la cintura y entre las piernas*

Neonatal: *Relativo o que denota una etapa del desarrollo humano que comienza con el nacimiento y dura hasta las cuatro semanas aproximadamente.*

Confusión de pezones: *Problema que puede producirse cuando un bebé se inicia en la lactancia materna y confunde el pezón que debe chupar.*

Obstetra: *Médico especializado en la atención a mujeres embarazadas y en el parto.*

Alimentación a demanda: *Alimentar a un bebé cuando tiene hambre, en lugar de hacerlo según un horario.*

Pelele: *Prenda de una sola pieza que se abrocha con broches o cremalleras por delante, diseñada para que la lleven los bebés o niños pequeños.*

Pediatra: *Médico especializado en el cuidado de bebés, niños y jóvenes.*

Permiso de paternidad: *Tiempo de baja laboral al que tiene derecho un padre tras el nacimiento o la adopción de un hijo.*

Percentil/ Centiles: *Medida de cómo se compara un valor concreto con los valores de un conjunto de datos. Se expresa como un porcentaje o como un número entre 0 y 100.*

Periné: *La zona entre la vagina y el ano.*

Placenta: *Órgano que une a la madre y al bebé durante el embarazo, proporcionando alimento y oxígeno y eliminando los productos de desecho.*

Postnatal: *El tiempo que sigue al nacimiento de un bebé.*

Depresión postnatal/depresión posparto: *Forma de depresión que puede afectar a las mujeres después de haber tenido un bebé.*

Prematuro/ Prem: *Un bebé que nace antes de las 37 semanas de embarazo.*

Prolactina: *Hormona necesaria para la producción de leche materna.*

Período puerperal/ Período posparto/ Período postnatal: *El tiempo después del nacimiento de un bebé, cuando el cuerpo de la madre se recupera del embarazo y el parto.*

Pee Pee Tee Pee: *Dispositivo que se utiliza para ayudar al bebé a orinar en el inodoro.*

Cochecito: *Un tipo de silla de transporte diseñada para bebés recién nacidos o niños muy pequeños.*

Reflujo: *Retorno de la materia ingerida desde el estómago hasta la boca por el esófago.*

Registrador: *Persona encargada de inscribir los nacimientos y las defunciones.*

Piel con piel: *El acto de colocar a un recién nacido directamente sobre el pecho desnudo del padre para favorecer el vínculo afectivo y mantener al bebé caliente.*

Rotura espontánea de membranas: *La liberación repentina de líquido amniótico del útero.*

Subrogar: *Aceptar gestar un hijo para otra pareja o individuo.*

Sutura: *Acto de coser tejidos con una aguja e hilo.*

Envoltura: *El hecho de envolver a un bebé en paños para mantenerlo caliente y seguro.*

Barrido/estiramiento y barrido/barrido cervical/barrido de membranas: *Procedimiento utilizado para intentar inducir el parto estirando o barriendo el cuello uterino.*

SAHM: *Madre que se queda en casa.*

Dentición: *Proceso de crecimiento de los dientes.*

Chuparse el dedo: *Chuparse el dedo como forma de consuelo.*

Trauma: *Una lesión emocional o física que provoca efectos psicológicos duraderos.*

Los Terribles Dos: *Fase del desarrollo de la primera infancia caracterizada por un comportamiento desafiante y desobediente.*

Cordón umbilical: *El cordón que une al feto con la placenta.*

Útero: *Órgano muscular del abdomen de la mujer en el que el óvulo fecundado se convierte en un bebé.*

En el útero: *Dentro del útero.*

Alimentador Variflo: *Un tipo de alimentador de biberón que se utiliza para ayudar a controlar el flujo de leche*

PVDC: ' *Parto vaginal tras cesárea"*. *Una mujer que ha tenido previamente una cesárea da a luz por vía vaginal.*

Rotura de aguas: *El proceso de rotura de la bolsa amniótica y la salida del líquido*

Destete: *El proceso de dejar gradualmente de amamantar o dar el biberón a un bebé*

REFERENCES

Chaffin, M., Funderburk, B., Bard, D., Valle, L. A., & Gurwitch, R. (2011). A combined motivation and Parent-Child Interaction Therapy package reduces child welfare recidivism in a randomized dismantling field trial. *Journal of Consulting and Clinical Psychology, 79*(1), 84-95.

Chaffin, M., Silovsky, J. F., Funderburk, B., Valle, L., Brestan, E. V., Balachova, T., & ... Bonner, B. L. (2004). Parent-Child Interaction Therapy with physically abusive parents: Efficacy for reducing future abuse reports. *Journal of Consulting and Clinical Psychology, 72*(3), 500-510.

Dumas, J. E. (1989). Treating antisocial behavior in children: Child family approaches. *Clinical Psychology Review, 9,* 197-222.

Forehand, R., & Long, N. (1988). Outpatient treatment of the acting out child: Procedures, long-term follow-up data, and clinical problems. *Advances in Behaviour Research and Therapy, 10,* 129-177.

Gershater-Molko, R. M., Lutzker, J. R., & Wesch, D. (2002). Using recidivism data to evaluate project SafeCare: Teaching bonding, safety, and health care skills to parents. *Child Maltreatment, 7*(3), 277-285.

Kazdin, A. E. (1985). *Treatment of antisocial behavior in children and adolescents.* Homewood, IL: Dorsey Press.

Letarte, M. J., Normandeau, S., & Allard, J. (2010). Effectiveness of a parent training program "Incredible Years" in a child protection service. *Child Abuse & Neglect, 34*(4), 253-261.

Long, P., Forhand, R., Wierson, M., & Morgan, A. (1994). Does parent training with young noncompliant children have long-term effects? *Behaviour Research and Therapy, 32,* 101-107.

Miller, G. E., & Prinz, R. J. (1990). Enhancement of social learning family interventions for child conduct disorder. *Psychological Bulletin, 108,* 291-307.

Moreland, J. R., Schwebel, A.I., Beck, S., & Wells, R. (1982). Parents as therapists: A review of the behavior therapy parent training literature – 1975 to 1981. *Behavior Modification, 6,* 250-276.

Prinz, R. J., Sanders, M. R., Shapiro, C. J., Whitaker, D. J., & Lutzker, J. R. (2009). Population-based prevention of child maltreatment: The U.S. Triple P system population trial. *Prevention Science, 10*(1), 1-12.

Hembree-Kigin, T., & McNeil, C. (1995). *Parent-Child Interaction Therapy.* New York: Plenum.

McNeil, C. B., & Hembree-Kigin, T. L. (2010). *Parent-Child Interaction Therapy, 2nd ed.* New York: Springer.

Eyberg, S., & Funderburk, B. (2011). *Parent-Child Interaction Therapy protocol, 201*Gainesville, FL: PCIT International.

Boggs, S. R., Eyberg, S. M., Edwards, D., Rayfield, A., Jacobs, J., Bagner, D., & Hood, K. (2004). Outcomes of Parent-Child Interaction Therapy: A comparison of dropouts and treatment completers one to three years after treatment. *Child & Family Behavior Therapy, 26*(4), 1-22.

Brestan, E. V., & Eyberg, S. M. (1998). Effective psychosocial treatments for children and adolescents with disruptive behavior disorders: 29 years, 82 studies, and 5272 kids. *Journal of Clinical Child Psychology, 27*, 179-188.

Chaffin, M., Funderburk, B., Bard, D., Valle, L. A., & Gurwitch, R. (2011). A combined motivation and Parent-Child Interaction Therapy package reduces child welfare recidivism in a randomized dismantling field trial. *Journal of Consulting and Clinical Psychology, 79*(1), 84-95.

Chaffin, M., Silovsky, J. F., Funderburk, B., Valle, L., Brestan, E. V., Balachova, T., & ... Bonner, B. L. (2004). Parent-Child Interaction Therapy with physically abusive parents: Efficacy for reducing future abuse reports. *Journal of Consulting and Clinical Psychology, 72*(3), 500-510.

Eisenstadt, T. H., Eyberg, S., McNeil, C. B., Newcomb, K., & Funderburk, B. (1993). Parent-Child Interaction Therapy with behavior problem children: Relative effectiveness of two stages and overall treatment outcome. *Journal of Clinical Child Psychology, 22*, 42-51.

Eyberg, S. M., Funderburk, B. W., Hembree-Kigin, T. L., McNeil, C. B., Querido, J. G., & Hood, K. (2001). Parent-Child Interaction Therapy with behavior problem children: One and two year maintenance of treatment effects in the family. *Child & Family Behavior Therapy, 23*, 1-20.

Funderburk, B. W., Eyberg, S. M., Newcomb, K., McNeil, C., Hembree-Kigin, T., & Capage, L. (1998). Parent-Child Interaction Therapy with behavior problem children: Maintenance of treatment effects in the school setting. *Child & Family Behavior Therapy, 20*, 17-38.

Hood, K., & Eyberg, S.M. (2003). Outcomes of Parent-Child Interaction Therapy: Mothers' reports on maintenance three to six years after treatment. *Journal of Clinical Child and Adolescent Psychology, 32,* 419-429.

McNeil, C., Eyberg, S., Eisenstadt, T., Newcomb, K., & Funderburk, B. (1991). Parent-Child Interaction Therapy with behavior problem children: Generalization of treatment effects to the school setting.*Journal of Clinical Child Psychology, 20,* 140-151.

McNeil, C. B., Capage, L. C., Bahl, A., & Blanc, H. (1999). Importance of early intervention for disruptive behavior problems: Comparison of treatment and waitlist-control groups. *Early Education & Development, 10,* 445-454.

Nixon, R. D. V. (2001). Changes in hyperactivity and temperament in behaviourally disturbed preschoolers after Parent-Child Interaction Therapy (PCIT). *Behaviour Change, 18,* 168-176.

Nixon, R. D. V., Sweeny, L., Erickson, D. B., & Touyz, S. W. (2004). Parent-Child Interaction Therapy: One- and two-year follow-up of standard and abbreviated treatments for oppositional preschoolers. *Journal of Abnormal Child Psychology, 32,* 263-271.

Thomas, R., & Zimmer-Gembeck, M. J. (2007). Behavioral outcomes of Parent-Child Interaction Therapy and Triple P-Positive Parenting Program: A review and meta-analysis. *Journal of Abnormal Child Psychology, 35*(3), 479-495.

Bodenmann, G., Cina, A., Ledermann, T., & Sanders, M. R. (2008). The efficacy of Positive Parenting Program (Triple P) in improving parenting and child behavior: A comparison with two other treatment conditions. *Behaviour Research & Therapy, 46,* 411-427.

Bor, W., Sanders, M. R., & Markie-Dadds, C. (2002). The effects of the Triple P-Positive Parenting Program on preschool children with co-occurring disruptive behavior and attentional/hyperactive difficulties. *Journal of Abnormal Child Psychology, 30,* 571-587.

deGraaf, I., Speetjens, P., Smit, F., de Wolff, M., & Tavecchio, L. (2008a). Effectiveness of the Triple P Positive Parenting Program on behavioral problems in children: A meta-analysis. *Behavior Modification, 32,* 714-735.

de Graaf, I., Speetjens, P., Smit, F., de Wolff, M., & Tavecchio, L. (2008b). Effectiveness of the Triple P Positive Parenting Program on parenting: A meta-analysis. *Family Relations, 57,* 553-566.

Leung, C., Sanders, MR., Leung, S., Mak, R., & Lau, J. (2003). An outcome evaluation of the implementation of the Triple P – Positive Parenting Program in Hong Kong. *Family Process, 42*(4), 531-544.

Nowak, C., & Heinrichs, N. (2008). A comprehensive meta-analysis of Triple P-Positive Parenting Program using hierarchical linear modeling: Effectiveness and moderating variables. *Clinical Child & Family Psychology, 11,* 114-144.

Prinz, R. J., Sanders, M. R., Shapiro, C. J., Whitaker, D. J., & Lutzker, J. R. (2009). Population-based prevention of child maltreatment: The U.S. Triple P system population trial. *Prevention Science, 10*(1), 1-12.

Roberts, C., Mazzucchelli, T., Studman, L., & Sanders, M. R. (2006). Behavioral family intervention for children with developmental and behavioral problems. *Journal of Clinical Child and Adolescent Psychology, 35,* 180-193.

Sanders, M. R. (2008). Triple P-Positive Parenting Program as a public health approach to strengthening parenting. *Journal of Family Psychology, 22*(4), 506-517.

Sanders, M. R., Ralph, A., Sofronoff, K., Gardiner, P., Thompson, R., Dwyer, S., & Bidwell, K. (2008). Every Family: A population approach to reducing behavioral and emotional problems in children making the transition to school. *Journal of Primary Prevention, 29,* 197-222.

Sanders, M. R., Markie-Dadds, C., Tully, L., & Bor, W. (2000). The Triple P-Positive Parenting Program: A comparison of enhanced, standard, and self-directed behavioral family intervention for parents of children with early onset conduct problems. *Journal of Consulting and Clinical Psychology, 68,* 624-640.

Thomas, R., & Zimmer-Gembeck, M. J. (2007). Behavioral outcomes of Parent-Child Interaction Therapy and Triple P-Positive Parenting Program: A review and meta-analysis. *Journal of Abnormal Child Psychology, 35*(3), 479-495.

McGilloway, S., Ni Mhaille, G., Bywater, T., Furlong, M., Leckey, Y., Kelly, P., Comiskey, C., & Donnelly, M. (2012). A parenting intervention for childhood behavioral problems: A randomized controlled trial in disadvantaged community-based settings. *Journal of Consulting and Clinical Psychology, 80*(1), 116-127.

Metinga, A. T. A., Orobio de Castro, B., & Matthys, W. (2013). Effectiveness of the Incredible Years parent training to modify disruptive and prosocial child behavior: A meta-analytic review. *Clinical Psychology Review, 33,* 901-913.

Perrin, E. C., Sheldrick, R. C., McMenamy, J. M., Henson, B. S., & Carter, A. S. (2014). Improving parenting skills for families of young children in pediatric settings: A randomized clinical trial. *JAMA Pediatrics, 168,* 16-24.

Reid, M. J., Webster-Stratton, C., & Hammond, M. (2003). Follow-up of children who received the Incredible Years intervention for oppositional-defiant disorder: Maintenance and prediction of 2-year outcome. *Behavior Therapy, 34,* 471-491.

Webster-Stratton, C. (1984). A randomized trial of two parent-training programs for families with conduct-disordered children. *Journal of Consulting and Clinical Psychology, 52*(4), 666-678.

Webster-Stratton, C. (1990). Long-term follow-up of families with young conduct problem children: From preschool to grade school. *Journal of Clinical Child Psychology, 19*(2), 144-149.

Webster-Stratton, C. (1992). Individually administered videotape parent training: Who benefits? *Cognitive Therapy and Research, 16*(1), 31-35.

Webster-Stratton, C. (1994). Advancing videotape parent training: A comparison study. *Journal of Consulting and Clinical Psychology, 62*(3), 583-593.

Webster-Stratton, C., & Bywater, T. (2014). Parents and teachers working together. *Better: Evidence-based Education, 6*(2), 16-17.

Webster-Stratton, C., Reid, J. M., & Beauchaine, T. P. (2011). Combining parent and child training for young children with ADHD. *Journal of Clinical Child and Adolescent Psychology, 40*(2), 191-203.

Webster-Stratton, C., Reid, J. M., & Beauchaine, T. P. (2013). One-year follow-up of combined parent and child intervention for young children with ADHD. *Journal of Clinical Child & Adolescent Psychology, 42*, 251-261.

Webster-Stratton, C., Reid, M. J., & Hammond, M. (2004). Treating children with early-onset conduct problems: Intervention outcomes for parent, child, and teacher training. *Journal of Clinical Child and Adolescent Psychology, 33*, 105-124.

Webster-Stratton, C., Rinaldi, J., & Reid, J. M. (2011). Long-term outcomes of Incredible Years parenting program: Predictors of adolescent adjustment. *Child and Adolescent Mental Health, 16*, 38-46.